KB231674

투자 법칙

동해출판

당신이 속고있는

투자법칙

동해출판

생각이 모자라
실패하는것이 아니라
생각이 너무 많아
실패하는 것이다!

투자 실패의 요인

4.5%.

2007년까지 20년간 미국 주식형펀드 투자자들의 연간 평균 수익률이다[자료: 달바(Dalbar. Inc)]. 독자에게 겁주려고 지어낸 것이 아니라, 실질적인 투자자들의 미국 연간 주식형펀드 평균 수익률이다.

고작! 4.5%

더 속 쓰린 사실이 있다. 같은 기간 S&P500지수로 따져 봤을 때, 주식시장 수익률은 11.81%였다. 미재무부 발행 단기 채권의 수익률도 주식형펀드 평균 수익률보다 높았고, 같은 기간 내에 주식시장 사상 가장 뛰어난 성과를 보였다.

투자 수익률은 눈앞에 보이는 것 같았다. 워런 버핏(Warren Buffet) 역시 버크셔 해서웨이 2004년 연례 보고서를 통해 다음과 같이 말했다.

- '지난 35년간, 미국 경제는 뛰어난 성과를 보였지만, 그로 인해 투자자들이 엄청난 돈을 손쉽게 벌었을 거라 생각한다면 오산이다. 미 금융계에 비용이 덜 드는 분산 투자 방식인 인덱스펀드에 투자했으면 큰 수익을 봤겠지만 어느 누구도 이 인덱스펀드가 큰 수익을 낼 것이라고는 상상도 못했다. 덕분에 많은 투자자들이 얼마 안 되는 수익으로 만족하거나 쓴 맛을 보게 됐다.' -

워런 버핏이 지적한 대로, 시장은 수익률을 내줄 준비가 되어있었는데 투자자들이 그 기회를 놓친 것이다. 마치, 매일 신문 1면에 로또 당첨 번호를 대문짝만하게 실었는데 아무도 신경 쓰지 않은 것과 같다.

투자 자문가인 나로서는 정말 화가 날 일이다. 이런 일은 투자에 대한 인간의 주요 심리를 파악하지 못해서 발생한 것이다. 일반적으로 투자는 분석적인 것이라 생각하는데, 이는 미식축구를 타원형 공을 들고 뛰어다니는 놀이라고 하는 것과 다를 바 없다. 겉으로 봤을 때는 맞는 말이지만, 사람의 내면에 있는 심리도 한 몫을 한다. 다 큰 성인이 사람들 앞에서 울면서 서로 껴안고, 특정 팀의 코치 이름을 따서 아기 이름을 짓고, 남편이 시즌 티켓을 구하지 못해 이혼하였다는 등이 미식축구에서 발생하는 심리이다. 투자에는 미식축구보다 심리적인 요인이 더욱 많다. 두려움과 욕심, 번영과 가난, 안락함과 불안함, 심지어 사느냐 죽느냐 등, 인간의 주요 본능이 연관되어 있다. 과장이 심하다고 생각하는 사람은 평안한 시대를 누리고 있는 행운아 이다. 대공황을 겪으며 누구보다도 검소하고 수수하게 살아온 투자자들은 75년 후나 지난 지금도 그 당시의 공포를 생생하게 기억할 것이다.

투자 심리를 이해하지 못해서, 모든 사람이 믿고 있는 투자 속설들이 생겨난 것이다. 이 속설들은 월가의 소문에서 시작해 이 소문을 사실이라고 철썩 같이 믿는 방송을 통해 세상에 알려진다. 사람들이 속설을 처음 접했을 때는 꽤나 논리적이고 말이 된다고 생각하지만 조금만 자세히 따져보면 매년 수십억 달러의 손해를 일으키는 위험에 빠트리는 요인이라는 것을 알 수 있다. 이 속설은 투자자들이 투자 결정을 할 때 심리적으로 부추기는 역할을 한다.

이 12가지의 투자법칙의 문제점을 해결하는 방법은 간단하다. 이 책에 제시된 해결 방법을 읽으면 성공적인 투자법은 결코 복잡하거나 불가사의하지 않다는 것을 깨달을 수 있을 것이다. 물론 이 투자법을 잘 살리는 것은 별개의 문제로, 많은 훈련, 담력, 확신을 얻고 현재 시장 상황에 상관없이 자신의 방법을 고수해 나가는 초인적인 노력이 필요하다. 주변 사람들이 기술주로 한 몫 벌든, 2008년 10월처럼 시장이 한 달 만에 20% 하락 하든, 세계무역센터가 무너지는 믿기 어려운 일이 발생하든 상관없이 자신의 투자법을 고수해야 한다.

투자에 성공하겠다는 결의를 가지고 이 책을 보면, 월가의 소식이나 미디어, 주변 인물들에게 매일 듣는 잘못된 속설을 구별하는 능력이 생길 것이다. 잘못된 속설을 구별하기 위해서는 왜 그 속설이 틀렸는지 기억하고, 어떻게 대처해야 하는지 알고 있어야 한다. 심리적으로나 결정적으로 흔들리지 않기 위해서는, 장기간 투자해도 걱정 없을 만큼의 돈을 투자할 수 있는지 결정해야 한다.

끊임없이 계속 실패를 맛보고, 결국 투자한 전 자산을 손해 보는 투자자는 되지 않아야 한다.

TABLE OF CONTENTS

INTRODUCTION	투자 실패의 요인	7
CHAPTER 1.	정통한 투자자는 시장을 꿰뚫고 있다.	13
CHAPTER 2.	증권회사는 고객 중심이다.	27
CHAPTER 3.	과거 실적을 보면 전부 알 수 있다.	41
CHAPTER 4.	활발한 거래는 득이 된다.	59
CHAPTER 5.	나는 투자에 능하다.	71
CHAPTER 6.	미디어는 투자 정보를 얻을 수 있는 좋은 매개체다.	83
CHAPTER 7.	대형 회사 한 곳에만 투자하면 된다.	99
CHAPTER 8.	투자는 아찔하다.	117
CHAPTER 9.	어떤 위험이든 다 같다.	131
CHAPTER 10.	주식 시장의 붕괴가 멀지 않았다.	147
CHAPTER 11.	나는 시장 추종형이 아니다.	159
CHAPTER 12.	투자자에게 '기회'를 주는 것이 투자 자문가의 임무다.	175
CONCLUSION	맺음말	189
GLOSSOGRAPHER	용어해설	195
THANKS TO	감사말	199

CHAPTER 1

1

정통한 투자자는
시장을 꿰뚫고 있다?

'나도 실패할 수 있다.'

 ― 피터 린치(Peter Lynch), 전 피델리티 펀드 매니저

피터가 장기간 보유했던 패니 메이 주식의 참혹한 결과에 대한 질문을 받은 후 아내와 연애할 당시, 그녀에게 여러 가지 매력이 있었다. 첫 번째는 아름다운 외모와 지적인 모습이었지만, 이 두 가지 매력만으로 나를 사로잡을 순 없었다. 이 여자와 결혼해야겠다는 결심을 서게 해준 또 다른 두 가지 이유가 있었다. 바로 아내에게 오빠 2명이 있다는 것과 그녀가 유치원 교사였다는 것이다.

내 아내는 한 남성과 함께 지낼 수 있는 만반의 준비가 된 여성이었던 것이다. 20여 년간 오빠들과 함께 살면서 남자의 부족한 예절이나 위생 상태를 몸소 느꼈을 테니 말이다. 뿐만 아니라, 5살 박이 아이들을 이해하는데 매주 30시간이 소비되는 직업이니, 남자들의 정신 연령을 이해할 수 있을 거라 생각했다.

다른 무엇보다도 남자를 보는 아내의 눈이 엄청 낮아서 그나마 내가 아내 눈에 찼기 때문에 결혼할 수 있었고, 이 덕분에 결혼 초기에 겪은 어려움도 잘 이겨낼 수 있었다.

놀랍게도 아내가 겸비한 인내, 경험, 현실적인 기대치는 성공적인 투자의 필수 덕목과 크게 다르지 않다. 대안투자를 모색하다 보면, 매력적인 수익률을 제공하고 있는 꿈의 펀드나 매니저를 찾을 수 있을 것이다. 하지만 앞으로도 그런 고수익을 얻을 수 있다고 생각하는 것은 말 그대로 꿈에 불과하다. 꿈의 펀드나 매니저는 곧 순식간에 사라지는 타오르는 불같은 환영일뿐, 장기간 안정된 투자를 바라는 투자자의 마음만 졸이게 한다.

인덱스펀드의 경우, 매력적인 수익률을 제공하진 않지만 모범생 같이 매일 자신이 할 일을 성실하게 해낸다. 적어도 바보 같은 짓을 하거나, 과거 수익률이 높았던 종목에 옮겨 다니며 투자하진 않는다. 인덱스펀드는 다소 지루하고 기대 만큼만의 수익률을 제공하긴 하지만, 장기간 안심하고 투자할 수 있다.

이런 인덱스펀드의 장점을 무시하고 고수익의 유혹에 끌려 다니는 것이 투자자들의 큰 약점이다. 병원에서 순서를 기다리며 별 생각 없이 경제잡지를 훑어보다가, 경기가 좋든 나쁘든, 투자 연수에 상관없이 뛰어난 성과를 거두고 있는 5개 펀드에 대해 집중적으로 다룬 '최고의 펀드, 베스트 5'라는 기사를 보게 된다. 기사에는 각 펀드 매니저들의 휘황찬란한 경력과 함께 '시장 수익을 추월하고 싶은 자, 나를 따르라'라는 표정으로 팔짱을 낀 매니저의 당당한 사진이 함께 실려 있다.

이성적인 판단이 가능한 사람은 이 기사를 보면, 믿기 어려울 만큼 좋다고 생각할 것이다.(자녀들에게 항상 말하는 빛 좋은 개살구라는 속담을 기억하라) 하지만 정작 위험부담 없고 걱정 없이 이윤을 주는 완벽한 비밀 투자 공식을 알고 있는 듯한 이 펀드 매니저 앞에서는 이성이 무너지면서 '시장 수익을 추월하고 싶다!'고 외치는 마음속 욕망의 뜻에 따르게 된다. 그런 마음으로 기사가 나온 페이지를 살며시 찢어 몰래 뒷주머니에 넣고 집으로 돌아와 그 증권회사에 당장 전화를 걸고 펀드에 투자하게 된다!

　이런 식으로 펀드를 구매한 사람들은 펀드에 가입한 바로 다음 달, 지금까지 고수익 행진을 하던 펀드가 행진 걸음을 멈춘 경험을 겪어 봤을 것이다. 해당 펀드의 수익률이 이미 최고치를 기록하고 있을 때 늦게 가입하여 결국 기대에 미치지 못한 수익률을 얻고 매력적인 수익률을 내고 있는 또 다른 펀드를 찾아 나선다.

　투자자들이 이런 실수를 거듭 반복하는 이유는 간단하다. 아무리 논리적이고 똑똑한 투자자라도 투자에 정통한 또 다른 전문가는 시장 수익을 추월할 수 있다고 생각하기 때문이다. 하지만 실상은 그렇지 않다. 지난 10여 년간 전체 70~90%에 달하는 전문 재무 관리인들이 기대치 만큼 시장 수익을 추월하지 못 했다.

　왜 그런 것일까?
　그 이유는 내부에 있다. 오늘날 전문 투자 매니저는 뮤추얼펀드, 연금펀드, 헤지펀드, 기부기금 등 다양한 분야에 걸쳐 엄청난 금액을 관리하고 있다. 마지막 투자 결정자가 누구인지를 따져봤을 때, 직접 투자 결정을 하는 순수 투자자는 가뭄에 콩 나듯 찾기 어렵다.

즉, 모든 사람이 기회를 포착하고 그 기회를 잡기 위해 달려들기 때문에, 치열한 경쟁 속에서 수입을 올리기 쉽지 않은 것이다.

이런 현상이 옛날부터 계속된 것은 아니다. 50년 전만 해도, 투자자들은 스스로 투자 결정을 내리고 당시 거의 주문 받는 일만 하던 주식 중개인에게 전화해서 주식을 샀다. 주식을 산다고 해도 겨우 10~20주에 불과했지만, 당시에는 거의 모든 주식이 블루칩이었기에 투자자들은 신중하고 보수적으로 투자해서 수익을 올려갔다.

그 당시에는 개인 투자자가 월가의 주식 거래량 대부분을 좌지우지했었다. 그런 환경 속에서 전문 투자 매니저들은 수익을 창출해낼 기회를 좀 더 많이 접할 수 있었다. 지금의 인터넷 시대와는 달리, 정보 얻기가 하늘의 별 따기였고, 정보 전파 속도도 느렸기 때문에 전문가들은 소액 투자자들이 얻을 수 없는 귀한 정보를 얻을 수 있었다. 중소형주 시장은 대부분의 투자자들에게 잘 알려지지 않았기 때문에, 전문가들이 큰 기회를 잡을 수 있었다. 잘나가는 월가 엘리트 사이에서 내부 정보나 소문이 나돌았고, 이 정보를 기반으로 끊임없는 분석과 뛰어난 기술, 책략 등을 덧붙여 시장 수익을 추월할 수 있었다.

하지만 좋은 옛 시절은 다 지나갔다. 오늘날, 자신이 직접 고른 5~6개 주식에 전 재산을 투자하는 무식하게 용감한 투자자는 거의 볼 수 없고, 일반적으로 뮤추얼펀드 매니저, 연금 매니저 등과 주식 선택 상담을 통해 투자를 결정한다. 그렇기 때문에 기관 투자자들이 거래량의 85%에 달하는 주식을 관리하게 된 것이다. 대략 계산해 보면, 이 기관 투자자 내의 매니저들은 일반 대형주를 매주 20만 번씩 분석하고 있다.

그러니 오늘날 전문 투자 매니저가 고난을 겪는 것은 당연하다. 이 전문가들이 똑똑하지 못한 것이 아니라, 기회가 예전보다 많이 줄었기 때문이다. 투자의 비밀이나 정보 없는 얼간이들이 시장에서 사라진 것이다. MBA 학위를 따고 정보로 무장했을 뿐만 아니라 끊임없이 분석하고 열정적으로 거래하며 투자자들이 시장 수익 추월을 돕는다는 명목 하에 대가를 정당화하는 투자자들이 주식시장에 늘어나면서, 시장은 발전하고 있다.(순수 투자자는 도태된 것일지도 모른다) 효율적인 시장에서는 매니저들이 수많은 거래를 하면서 엄청난 수수료와 비용을 투자자에게 물기 때문에, 대부분의 매니저들(얼마나 똑똑한지 얼마나 투자자를 생각하는지 상관없다)은 어쩔 수 없이 시장에 끌려다니게 된다. 이는 마치 조각가에게 더 손대면 안 될 완벽한 작품을 주고 작업하라고 지시하는 것과 같다. 즉, 절대 성공할 수 없는 조건 하에 업무를 지시하는 것이다.

여전히 희망을 갖고 있는 투자자들은 '피터 린치(Peter Lynch), 워런 버핏(Warren Buffet), 빌 밀러(Bill Miller) 등과 같은 시장 수익 추월자들은 뭐냐?' 고 반문할 것이다.

겨우 3명뿐인가?

금융계에는 주식을 제외해도 8,000개가 넘는 뮤추얼펀드가 있으며, 개인 투자 자문가로 등록된 인원수만 해도 16,000명이 넘고, 200,000명 이상의 주식 중매인이 있다. 수년간 시장에서 실패한 전문 매니저들의 수가, 3명보다 훨씬 더 많은 이유는 무엇일까? 시장 수익을 추월한 전문가가 더 많다고 헛된 기대를 걸어보는 사람들도 있겠지만 현실은 전혀 그렇지 않다.

문제는 그뿐만이 아니다. 시장 수익을 추월한 매니저들이 능력이 뛰어난 것인지 아니면 그저 운이 좋았던 건지 알 수 있는 방법이 있는가? 2006년, 저명한 교수 3명이 과학적인 방법으로 고수익 뮤추얼펀드가 운이 아니라 실력에 의해 좌우되는가에 대한 획기적인 조사를 시행했다. 결과는 어떠했을까? 순전히 실력만으로 고수익을 낸 펀드 매니저의 비율은 전체 0.6%로 거의 0%에 가까웠다!

'뉴욕 타임즈(New York Times)' 칼럼니스트인 마크 헐버트

(Mark Hulbert)는 조사 결과를 바탕으로 ‘과거 실적이 상당히 좋아 운만으로 그런 결과를 얻진 않았을 거라 생각되는 소수의 실력파 펀드 매니저가 과거에는 있었지만 지금은 다 사라졌다. 조사 결과를 보면 뮤추얼펀드 투자자들에게 가장 좋은 투자 대안은 인덱스펀드라는 결론이 나온다.’ 고 정리했다.

다른 방식으로 생각해 보자. 당신이 친한 친구 8,000명(사교성이 매우 뛰어나야 가능하다)을 한자리에 모아 각각 100주씩 골라보라고 하고 친구들의 투자 자산을 10년간 조사한 후, 자산 순위를 매겨본다. 8,000명의 친구 중 한 명(여러 명일 수도 있다)은 기대 이상의 수익을 얻었을 것이다. 당신은 놀랄 만큼 엄청난 수익률을 올린 친구에게 축하의 말을 건네면서 당신의 자산을 관리해달라고 부탁할 것이다.

하지만 그 친구는 ‘난 아무 것도 안 했어. 네가 나한테 100주를 고르라고 해서 그냥 고른 거지. 그저 운이 좋았을 뿐이야’ 라고 답할 것이다.

그러자, 당신은 ‘상관없어. 수익률이 좋으면 된 거지’ 라고 답하며, 포브스(Forbes)지에 실을 친구의 사진을 찍고,(물론 팔짱을 껴야 한다) ‘미국의 신예 펀드 스타’ 라는 제목의 커버스토리를 준비할 것이다.

천재적인 MBA 석사 출신 펀드 매니저와 엄청난 수익을 거둔 졸부를 비교할 수 있을까? 말도 안 되는 비교 같아 보이지만, 완전히 잘못된 비교는 아니다. 15년 연속 시장 수익률을 초과달성한 레그 메이슨 밸류 트러스트(Legg Mason Value Trust)의 빌 밀러는 운이 작용했다는 사실을 인정했다. 빌은 2005년 사사분기 주주에게 보내는 편지에서 다음과 같이 언급했다.

지난 15년간 레그 메이슨 밸류 트러스트가 S&P500에서 상당히 선전하고 있다는 사실은 잘 알고 계시리라 생각합니다. 그 이유 때문에 이 펀드에 투자하기로 결심하신 분도 있으실 겁니다. 저희를 높게 평가해 주셔서 감사하지만, 앞으로 여러분의 기대에 미치지 못할 거라 생각합니다. 오랜 기간 동안 높은 수익률을 낸 것은 기쁘게 생각하지만, 이 수익은 운이 좋아서 달성할 수 있었던 것입니다. 지난 15년간, 12월부터 다음 12월까지, 12개월간 S&P500지수보다 현저히 앞선 것은 고작 한 번뿐이었습니다. 그러므로 매년 고수익을 올릴 것이라 생각하고 투자하셨다면 실망할 수밖에 없을 겁니다.

빌의 정직함에 찬사를 보낸다. 성공을 거둔 현역 매니저가 장기간 뛰어난 성과를 낸 것이 실력뿐만 아니라 운이 작용한 것이라고 시인하는 일은 흔치 않다.(레그 메이슨 홍보부에서는 그의 발언을 달갑지 않게 여겼을 거라 생각한다) 빌이 위와 같은 편지를 보낸 바로 다음 해에 이 펀드의 전설은 끝을 맺었으니, 그에게 예지력이 있었던 건지도 모르겠다. 2006년, 레그 메이슨 밸류 트러스트 펀드는 S&P500보다 거의 10%나 차이 나는 5.9%의 수익률을 냈다.(가치주 펀드의 기준을 S&P500으로 잡는 것이 공정하진 않지만, 15년간 빌의 펀드를 황제 펀드라 일컫던 미디어는 공정성에 상관치 않고 S&P500과 끊임없이 비교하고 있다)

워런 버핏의 진실을 밝혀보자. 워런 버핏은 투자자라기보다 소유주라 할 수 있다. 그는 여러 회사 주식을 대량 혹은 전량을 매수하여 직접 경영권을 행사한다. 워런 버핏은 경영에 천부적인 소질이 있어 고수익의 영예를 얻었지만, 컴퓨터 앞에 앉아 주식을 고르고 시장 수익을 추월하는 금융 매니저를 대표한다고 말하긴 어렵다. 앞서 언급한 것과 같이, 워런 버핏은 개인 투자자들에게 인덱스펀드를 열렬히 추천하고 있다.

투자자들은 시장 수익을 추월한 재력가를 찾아 그들의 천재성에 덩달아 이윤을 보고자 하는 유혹에 빠져 있다. 발 빠르게 최고의 투자자를 찾는 자가 승리한다면, 투자 재벌들이 재빨리 그들을 찾지 않았을까?

실제로 투자 재벌들은 최고의 투자자를 찾고 있기는 하지만, '최고'란 의미와 우리가 몸담고 있는 투자 환경에 대해 명확히 짚고 갈 필요가 있다.

학자들이 물가 책정에 주식시장이 효율적이라고 주장하는 경우는 많지만, 투자자들이 주식시장에서 언제나 이득을 본다고 주장하는 경우는 볼 수 없다. 그렇기 때문에 시장이 제공하지 않는 환상의 이윤을 목표로 삼는 소수의 펀드 매니저를 찾아 기나긴 투자 모험을 감행하는 것은 현명한 일이 아니다.

현명한 투자자라면 최대한 시장을 활용해 최상의 이득을 보기 위해 노력해야 한다. 바른 투자자들은 종목을 자주 바꾸거나, 감정에 휘둘리거나, 비싼 수수료와 비용을 지불하지 않고 장기간 시장이 제공하는 마법을 지켜본다. 그들은 이런 믿음을 반영한 투자 상품을 이용하고, 이 믿음을 갖고 있는 투자 자문가에게 투자를 맡긴다.

투자 명목은 '시장을 최대한 이용하자' 이지, '시장 수익을 추월하자' 가 아니다.
수많은 유혹에 현혹되지 않도록 하라.

현실

투자자들은 시장 수익을 추월한 재벌들의 방법을 따라 손쉽게 부를 얻을 수 있을 거란 희망을 가지고 있다. 하지만 빈번한 거래에는 높은 수수료와 비용이 들기 때문에 오늘날의 매니저들은 수익을 얻는데 큰 어려움을 겪고 있다. 이 어려움을 이겨내고 고수익을 내는 매니저들이 간혹 있지만, 그 영광은 오래 지속되지 못한다. 시장 추월자의 유혹에 빠진 투자자들은 이내 실망을 금치 못할 것이며, 고수익을 쫓아 이곳저곳 옮겨 다니며 투자하면서 기회를 놓치고 결국 그저 그런 수익금을 얻게 된다.

해결책

시장은 함께 해야 할 친구 같은 존재이지, 추월해야 할 적이 아니라는 사실을 받아들여야 한다. 강세장일 때의 수익률을 '평균' 수익률이라고 보긴 어렵다. 왜냐하면 지금까지 현역 매니저의 80% 이상이 시장의 쓴 맛을 봤기 때문이다.

CHAPTER 2

2

증권회사는
고객 중심이다?

'증권사 직원의 업무는 고객의 순자산을 자신의 몫으로 돌리는 것이다.'

— 블레인 로드(Blaine Lourd), 전 주식 중매인, '포트폴리오닷컴(Portfolio.com)'지에서 자신의 경험을 되살려 동료에게 한 충고 중

내 아버지는 30년 전 증권업계에 발을 들였다. 당시 뜨거운 열정을 갖은 풋풋한 새내기 주식 중매인으로써 첫째는 고객, 둘째는 자신, 셋째는 회사를 위해 돈을 벌기로 마음먹었다고 한다.

하지만 회사는 고객과 아버지를 신경 쓰지 않는다는 사실을 깨닫기까지 2년이 채 걸리지 않았다.

친지들의 연락처 목록을 작성하여 제출하라는 명령을 받은 첫 주부터 아버지의 비애가 시작되었다. 회사에서는 아버지에게 석유 및 가스, 연금, 따끈따끈한 IPO관련주 연동 상품 목록을 던져주면서 각 상품의 판매량을 할당하여, 목록에 있는 친지들에게 상품을 잘 팔아보라고 지시했다.

초반에 아버지는 이런 방법이 이 업계가 움직이는 한 방법이라 생각하셨다. 고객이 투자 상품을 필요로 했고, 고객들에게 팔 투자 상품이 아버지 수중에 있었으니 말이다. 하지만 시간이 지나면서 아버지는 주식중개업이 흘러가는 흐름의 근본적 실재에 대해 깨닫게 됐다. 그 근본적 실재란, 일반적으로 증권사는 어마어마한 돈을 벌지만 투자자는 그렇지 않다는 것이다. 아버지는 이 실재를 깨닫고 괴로워하다, 결국 판매 상품량을 할당해주는 상사가 없고 일괄보수만 받는 개인 투자 자문가로 활동하기로 결심했다.

아버지 이야기는 30년도 더 되었지만, 지금도 이런 일들이 다양한 형태로 수많이 발생하여 수백만 명의 부주의한 투자자들이 손실을 보고 있다. 사기 연금부터 투기성이 짙은 닷컴주, 펀드 투자자들을 노려 엄청난 수익을 거둔 수많은 마켓 타이머(Market Timer) 사기까지, 개인 투자자를 대상으로 한 월가 범죄는 장기간 지속되어왔다.

월가의 유서 깊은 대규모 투자 은행이 무너지고 모기지 파생 상품을 만들고 직접 투자 관리하던 사람들이 희생자가 된 2008년 가을, 상황이 극도로 악화되었다. 수년간 고객의 자산을 죄다 탕진한 월가의 거물들이 망하는 것은 당연한 일이다. 월가의 친위대가 변화를 받아들일 수밖에 없었지만, 월가 문화는 여전히 시장에 남아있다.

어쩌다 그렇게 된 것일까? 왜 악재가 반복되면서 미국 최대 증권사가 망하고 개인 투자자들은 빈털터리가 되었을까? 현란한 안내 책자나 눈에 쏙 들어오는 광고와 달리, 증권사는 고객 중심이 아니기 때문이다. 그럼 뭘까? 바로 상품 판매 중심이다. 증권사를 통해 투자하려 생각했다면 이 점을 반드시 명심하고 있어야 한다.

증권사는 세계 자본 시장 제 1의 원동력으로, 주식공개상 장이라는 큰 역할을 하고 인수 합병을 조정하며 대기업의 어마어마한 사채발행을 조직화한다. 다른 무엇보다도 세계 금융 시장이 이상 없이 굴러갈 수 있도록 하는 윤활제 역할을 한다는 사실은 인정해야 한다.

그러나 그런 과정에서 증권사는 상품을 만들어 낸다. 예를 들어, 증권사는 주식공개상장(Initial Public Stock Offering, IPO)에 참여하면서, 그 기업의 주식을 다량 매수해야 한다. 즉, 그 주식의 공식 판매자가 되는 것이다. 그 주식을 최대한 비싼 값에 매수해야 하는 이유가 2가지 있다. 첫째는 자사에서 상장한 투자 은행업의 새로운 주요 고객의 환심을 사기 위해서고, 둘째는 어쨌든 손에 쥐고 있는 주식을 팔아야 하기 때문이다.

그럼, 누구에게 팔게 될까?

물론 개인 투자자들이다!(이제 명확한 그림이 그려지지 않는가?) 주식 중개업계 최고 간부층에게 개인 투자자는 소비자로 비춰질 뿐이다. 그들은 프록터앤드갬블(P&G)의 최고경영자와 같은 마음가짐을 갖고 투자자들을 제품 소비자로 본다.

수프 통조림을 살 때는 최고경영자의 마음가짐이 어떻든 별 상관없다. 소비자로서 통조림 표면에 붙은 라벨의 내용과 수프의 맛에 따라 구입하면 된다. 맛이 이상하다고 해도 고작 2달러짜리기 때문에 잊고, 후에 다른 제품을 고르면 되는 것이다.

반면, 증권시장 내에서 '소비자'의 경험은 전혀 다르다. 손쉽게 비교할 수 있는 라벨이 있는 것이 아니라 미연방세법처럼 읽기 까다로운 투자 설명서만 제공될 뿐이다. 수프 통조림 구입과는 다르게, 마음이 바뀌어 다른 상품을 고르려고 해도 연금펀드를 해지하려면 엄격한 해지수수료와 아까운 세금을 내야 한다.

그뿐만 아니라 투자 상품에 대한 장점에 대해서는 제품을 팔고 월급을 받는 증권사 직원에게서만 얻을 수 있다.[마치 미국 대기업인 앤호이저부시(Anheuser Busch) 영업 담당자에게 버드와이저의 장점을 묻는 것과 같다]

수프 통조림 소비자와는 달리, 잘못된 투자 선택을 한 불쌍한 영혼은 이내 자신의 자산이 줄어드는 것을 두 눈으로 직접 확인하게 된다.

이 문제의 근본은 금융업계의 본질에 있다. 증권사는 세계 자본 시장의 중개인 역할에 변화를 줄 수 없기 때문에 중개 활동의 결과로 얻어지는 상품 판매자 역할도 더불어 이어나가는 것이다. 증권사에서 양심선언을 해, 과감하게 비용을 절감한 다양한 투자 상품을 제공하고 거래수를 줄여 투자자에게 최대한의 수익을 주고자 한다면, 얼마 안 되어 그 증권사는 망할 것이다. 증권사가 개인 투자자들의 수요를 창출하지 않으면, 투자 은행업으로 발생하는 공급 상품의 가치가 없어진다. 상상만 해도 끔찍하지 않은가?

증권사는 상품 판매와 고객 중심 서비스라는 두 마리 토끼를 한꺼번에 잡고 있다는 이미지를 고객에게 내세우려 노력하지만, 이 두 가지는 절대 공존할 수 없다. 두 가지를 완벽하게 해내는 증권사는 이 세상에 절대 존재할 수 없으므로, 한 가지를 희생하고 나머지 하나를 택해야 한다. 증권사에서는 망하려고 마음먹지 않은 이상, 투자 은행업무 거래 흐름에 위험수를 절대 두지 않을 것이다. 증권사가 갑작스레 양심의 가책이 들어 고객에게 해당 회사의 주식을 사고 싶지 않은데 억지로 구입하고 있다고 선언해 버리면, 앞으로 그 회사가 증권사를 이용할까? 증권사도 원치 않는 그 회사 주식은 어떻게 되겠는가?

이와 같이 숨기고 싶은 더러운 비밀이 증권업계에 존재하기 때문에 투자자들은 수십 억 달러의 손실을 보는 것이다.

증권사는 이 비밀을 숨기기 위해 현란한 광고 속에 고객 중심이라는 모토를 내세우고, 뒤로는 상품 판매에 열을 올리고 있는 것이다. 증권사에서는 영업부 직원들에게 제공할 상품 판매법에 대한 강도 높은 교육을 끊임없이 개발하고 있다.

'판매 보너스'를 만들고, 고급 승용차를 부상으로 놓고 '판매량'을 기준으로 시상식을 거행하는가 하면, '판매왕'에게는 사무실 안에 별도의 방을 제공하고 부진한 영업 사원은 가차 없이 내쫓는다. 강인한 자만 살아남는 문화를 만들어 판매에

열을 올리고 고객의 이익은 뒷전으로 생각하는 것이다.(일반 투자자로서는 한탄할 일이다)

아버지는 이런 정책이 꽤나 고무적이라고 한다. 새내기 증권사 직원이 규모가 엄청난 증권회사에 발을 들이는 순간부터 항상 최고가 되겠다는 생각만 하게 된다는 것이다. 출근 첫 주는 상품 판매법에 대한 주입식 강의를 들으며 감당할 수 없을 정도로 많은 정보를 얻고, 결국 전화를 걸어 상품을 판매하라는 지시를 받는다. 초반에는 다소 쉽게 구입해 줄 것 같은 친지에게 전화하라고 권고한다. 판매 할당된 상품 하나하나를 회사에서 관리하고, 직원이 좋은 성과를 보이지 못하면 직원을 불러 질책하고 왜 남들보다 뒤처지는지에 대해 책문한다. 그러고도 판매가 부진하면 회사에서 자리가 없어진다.

교육 프로그램은 직원들이 성공적인 투자의 기본에 대해 배우고 있다는 생각이 들도록 짜여 있다. 강사는 재무 설계, 분산투자, 고객 관리에 대해 강조하지만, 그 뒤에는 직원들이 할당량 이상의 상품을 판매해야 한다는 사실을 언제나 마음속에 담고 있는 고위 인사들이 있다.

이런 식으로 매니저의 손을 잡고 가는 수많은 투자자들이 이 상품, 저 상품 옮겨 다니면서 모든 상품을 조금씩 다 겪어 보는 소위 '바람둥이 투자자' 가 된다. 증권사 직원들은 상사

로부터 특정 상품을 판매하라는 '권유'를 받으며, 그 권유는
투자자의 자산에 그대로 반영된다. 투자자들은 5~6개의 뮤추
얼펀드에 손을 댔다가, 증권사에서만 판매하는 '주택 연동'
펀드, 주식, 다양한 연금뿐만 아니라 장기 채권 등 다양한 방
면으로 투자했을 것이다. 이렇게 다양한 투자를 하면서 자산
을 잃지 않으면 다행인 것이다. 이런 일이 발생하는 이유는 전
체 자산에 대한 감각이 없고, 다른 '기회'가 생기기 전 투자한
만큼의 금액에만 신경 쓰기 때문이다.

이런 투자자들은 투자금의 절반이나 혹은 그 이상
(2000~2002년 금융위기 때는 엄청났을 것이다)의 손실을 겪어야 했
다. 이 투자자들은 사업을 꾸려나가듯이 열심히 하고, 증권사
직원의 조언을 귀담아 듣고, 최고의 수익을 얻을 수 있으리라
기대했을 것이다. 투자 수익률이 상당했기 때문에, 증권사에
서는 손쉽게 수익을 올릴 수 있게 고수익을 올리고 있는 펀드
나 매니저를 추천했다. 그 중에는 시스코(Cisco), 인텔(Intel) 등
과 같은 인터넷 관련 펀드도 있었을 것이다. 알다시피 닷컴 펀
드는 반짝 뜨고 폭삭 졌다. 이들은 그 당시까지는 별다른 재미
를 보지 못해 매도자가 쇄도했던 가치주 펀드나 부동산 투자
신탁(REIT), 해외 펀드 등은 거들떠보지도 않았다. 이런 수익
중심 투자가 잠깐 동안 엄청난 수익률을 자랑하면서 투자자들
은 증권사의 추천을 점점 더 믿게 되었지만, 짧은 부귀영화가

지고 경기침체가 도래하면서, 투자자들은 60~70%에 달하는 원금 손실을 보게 된 것이다.

지난 몇 년간 절박한 마음으로 우리 회사의 문을 두드린 투자자가 셀 수 없이 많다. 투자자들은 손실에 대해서도 불만이 많았지만, 그보다 더 큰 불만은 자신이 무엇에, 왜 투자하는 건지 알 수 없으며, 자신의 증권사 직원도 모르는 것 같다는 사실이었다. 나는 이 불만사항을 듣고 깜짝 놀라지 않을 수 없었다.

증권사는 누워서 침 뱉기 식 영업을 하고 있는 것이다. 마케팅조사기관인 스펙트렘 그룹(Spectrem Group)에서 부유한 투자자들의 투자 습관을 조사한 결과, 증권사에 투자를 맡긴 투자자들의 시장 점유율이 2002~2004년간 거의 50% 감소했다. 이는 부유한 투자자들이 이 회사, 저 회사를 옮겨 투자하는 것이 아니라, 증권업계 전반적인 모습을 살피며 개인 투자 상담 회사를 이용하기 때문이었다.

이런 공인투자 자문가(RIA)는, 알려진 바와 같이, 미 증권거래 위원회(SEC)에 등록을 해야 활동할 수 있다.(덧붙여 말하자면 나도 등록되어있다) 공인투자 자문가는 증권사 직원과는 달리 '상품'을 고객에게 팔기위해 목숨을 걸어야 하는 것도 아니고, 판매한 만큼의 수수료도 받을 수 없기 때문에 영업 압박을 전혀 받지 않는다. 공인투자 자문가는 자신의 투자 자문과 서비스의 질이 곧 상품이다. 또한 자문가는 신탁 관리 기준에 속박되어 있어, 자문가 자신보다 고객의 이익을 우선으로 생각해야 하기 때문에 증권사 직원보다 리스크에 대해 더 신중하게 생각한다.

대다수의 투자자들이 놓치는 부분이 바로 이런 부분이다. 보수만 받는 공인투자 자문가라고 투자자에게 무엇을 어떻게 할지는 확실하게 장담할 수 없지만, 적어도 '객관성'이라는 부분은 고객에게 장담할 수 있다. 팔 상품이 없으면 숨겨야 할 내부 자료도 없고 시커먼 의도도 없다. 받을 보너스가 없기 때문에, 초반에 언급한 증권사와 같은 만행을 저지를 일이 없는 것이다.

다양한 상품으로 갈아타고, 주식을 사고팔고를 되풀이한다고 해도 재정적인 보상이 없는데, 고객 자산을 마음대로 다룰 이유가 없지 않은가? 판매 수수료를 받지도 않는데 터무니없이 비용이 비싼 펀드를 고객에게 판매할 이유가 있을까?

잘 알겠지만, 절대 그럴 이유가 없다. 보수를 받는 공인투자 자문가가 그런 마음가짐을 가지고 여기저기 마구 투자한다면 과도한 거래와 높은 펀드 비용으로 고객의 자산을 갉아먹고, 그 결과 자문가 자신의 보수도 낮아지기 때문에, 이런 행동은 고객뿐만 아니라 자기 자신에게도 해가 된다.

이해관계가 명확하지 않은가?

현실

증권사는 고객 중심이 아니라, 상품 판매 중심으로 돌아간다. 이는 투자자들의 이익을 전혀 생각지 않고, 엄청난 손실을 내는 점을 미루어 봤을 때 알 수 있다. 상품 판매량에 따라 보수를 받는 증권사 직원들은 객관적인 투자를 할 수 없고, 고객을 위한 신탁 관리 기준을 수행하지 않는다.

해결책

자문가에게 돈을 맡기고 싶다면, 우선 독립적이고 보수만 받는 공인투자 자문가를 선택하는 것이 좋다. 이런 공인투자 자문가는 수수료를 받을 수도 없고 고객을 위한 신탁 관리 기준을 수행하기 때문에 고객의 최고 이익을 위해 최선을 다한다.

CHAPTER 3

3

과거 실적을 보면 전부 알수있다?

'과거 실적이 현재에도 반영된다면, 부자들은 모두 주식 역사학자가 되었을 것이다.'

– 워런 버핏

이 책을 보는 독자든, 누구든, 투자하는 사람이라면 다음과 같은 생각일 것이다.

(과거 실적을 보면 전부 알 수 있다!)

기대를 저버려서 미안하지만, 과거 실적만 봐서는 아무 것도 알 수 없다. 내 말이 터무니없다고 생각하겠지만, 일단 참고 읽어보길 바란다.

물론 투자를 해서 좋은 성과를 내는 것이 바람직하고 누구나 원하는 바다. 그 점은 틀린 것이 없지만 투자자가 실적만 보고, 실적에만 매달리고, 실적만 보고 투자 결정을 하게 되면 좋지 못한 실적을 얻게 된다.

이상하지 않은가?

성공적인 투자는 논리적으로 모순이 가득해서 그 성공 자체가 투자를 실패하게 만드는 요인이 된다. 과거 성과만을 기반으로 하여 투자하는 것이 타당하다 생각되어 투자하는 것은 금물이란 말이 이성적으로 납득가지 않을 것이다.

그런 투자가 타당하지 않다는 것이 문제다. 주식, 펀드, 재무 매니저든 상관없이 지금까지 어떤 좋은 성과를 냈다고 해도, 과거 성과는 과거 성과일 뿐, 현재나 미래의 성과가 아니다. 일반적으로, 5년간 좋은 실적을 거두어온 뮤추얼펀드에 투자하면 앞으로도 좋은 성과를 낼 것이라 생각한다. 하지만 현실은 그렇지 않다. 그 이유는 무엇일까?

과거 실적과 앞으로의 실적의 상관관계에 대한 명확한 연구 결과가 단 한 건도 없다. 한 건이라도 있었으면, 전 세계가 상관관계를 믿고 과거 실적이 좋았던 투자 품목에 투자했을 것이다. 하지만 모두가 믿는 법칙을 뒤집는 연구 결과는 많다. 즉, 과거 실적과 앞으로의 실적은 관계가 없다는 것이다.

스탠더드 앤 푸어스(Standard & Poor's)가 최근 2006년에 시행한 '뮤추얼펀드 지속 여부 채점표' 연구에 따르면, 2001년 12월 31일까지 5년간 최고 수익률을 내온 대형주 펀드 중 고작 17.3%만이 그 후 5년 뒤, 2006년 12월 31일까지 수익률을 유지했다. 한편, 같은 시기에 중형주 펀드는 10.4%, 소형주 펀드는 17.7%만 지속적인 수익률을 기록했다.

스탠더드 앤 푸어스에서는 '최고 수익률을 자랑하는 펀드를 조사한 결과, 과거 실적만으로 투자 결정을 내리는 것은 옳지 못한 것으로 나타났다. 소수의 펀드만 최고 수익률을 유지했다.'고 결론지었다.

즉, 지금까지 실적이 좋았던 투자 품목을 찾는 것은 시간 낭비일 뿐이다. 과거 실적을 보고 투자를 결정하는 것은 매니저의 신발 크기를 보고 결정하는 것과 같은 격이다. 미국증권거래위원회는 투자 전문 회사가 판매하는 상품에 '지난 실적은 앞으로의 수익을 보장하지 않습니다.' 라는 면책조항(엄밀히 따지면 사실을 말하는 거지 면책조항은 아니다) 삽입을 요청했다.

투자업계에서 이 면책조항은 난해한 법률용어로 치부되어 증권사 제품 광고지 구석에 보이지도 않을 정도로 작게 적혀 있는 반면, 고객을 끌어들이고자 '실적' 부분은 잘 보이는 곳에 대문짝만하게 적어놓는다. 이런 광고를 만든 증권사의 의도는 분명하다. '정부에서 넣으라고 해서 넣은 면책조항은 신경 쓰지 말고, 고수익 실적에 신경 써라!' 는 것이다.

투자업계에서 과거 실적은 최고의 광고라 할 수 있다. 잘 나가는 뮤추얼펀드 목록을 찾아 성공담을 쌓는 것은 이상하리만큼 쉽다. 모닝스타(Morningstar), 밸류 라인(Value Line)과 같은 뮤추얼펀드 데이터베이스에서 5년, 10년 투자 양쪽 다 최고 실적을 올리고 있는 상품을 검색하면 프로그램이 상품을 찾아 대령하면서 투자 무용담이 시작되는 것이다. 일반적으로 개인 투자자의 투자는 다음과 같이 시작된다.

증권사 직원 : "저희 회사 연구부에서 다양한 연구를 시행해서, 최고 수익률을 자랑하는 펀드 '포커스 상품' 을 개발했습니다."
개인 투자자 : "그래요? 자세히 알고 싶네요."
증권사 직원 : "이 상품의 펀드는 하나하나 모두 말발굽을 5개나 얻은 상품입니다."
개인 투자자 : "말발굽이요?"
증권사 직원 : "네, 모닝스타에서 별점을 미리 사용했고, 밸류 라인에서는 다이아몬드점을 사용해 버렸죠. 클로버나 달 모양도 생각해 봤지만 너무 유치할 것 같아서 말발굽점을 사

용하기로 했답니다.”

개인 투자자 : “그런 거였군요. 몰랐어요”

증권사 직원 : “여하튼 모두 최고의 수익을 자랑하는 펀드입니다. 최고만 모았죠. 여기에 서명만 하면 증권 계좌를 개설할 수 있습니다.”

이렇게 대부분의 개인 투자자들은 증권사 직원이 판매하는 상품의 투자 동의서에 서명하게 된다. 과거 실적이 뛰어난 상품은 앞으로도 좋은 결과를 가져다 줄 것이라는 막연한 기대감에 투자를 결정하는 것이다.

그렇게 되면 얼마나 좋을까? 정말 좋은 실적을 얻는다면 ‘당신이 속고있는 투자법칙’이 아니라, 바하마 제도에 있는 내 개인 소유의 섬에서 ‘실적 별점 분석으로 떼부자되는 법’이란 책을 한가롭게 썼을 것이다.

하지만 현실은 그렇지 않을뿐더러, 이런 투자에는 상당한 위험이 뒤따른다. 10년 이상의 장기간동안, 최고 실적을 자랑하는 펀드의 수익률과 최저 실적의 펀드 수익률 차이는 종이 한 장 차이로 몇 %p 차이나지 않겠지만, 단기간 지켜보면 이 개인 펀드 실적은 반대 성향을 보일 것이다. 즉, 좋은 실적을 보이던 펀드라도 ‘평균으로의 회귀(Reversion to the Mean)'라는 통계학 이론에 충실해서, 앞서 쌓아뒀던 고수익의 평균을 맞추기 위해 하향세를 보인다는 것이다. 동일한 종류의 펀드도 마찬가지 성향을 보인다.

불쌍한 투자자들이 이 펀드가 엄청난 수익률을 자랑하기 전에 발을 담그지 못했다는 것이 문제다. 증권사 직원은 지금이 그 시기이며, 앞으로 즐거운 인생이 펼쳐질 것이라고 유혹한다. 하지만 이미 투자하기에는 너무 늦었고, 즐거운 인생을 맛본 사람들은 이미 즐길 것은 다 즐기고 발을 다 뺀 상태라는 것이 현실이다.

투자 업계의 실적 부풀리기가 얼마나 심각한지 알아보려면, '보육펀드(Incubator fund)'의 개념을 살펴보면 된다. '보육펀드'라니 좀 이상하게 들리겠지만, 그 개념은 아주 간단하다. 다수의 매니저를 확보한 대형 뮤추얼펀드 회사에서 매니저 5명에게 각각 새로운 펀드 상품을 출시하라는 업무 지시를 내린다. 하지만 이 5개 펀드는 공식 투자를 할 수 있는 상품이 아니라 유리한 조건 하에 '실험적으로' 시행하는 펀드로, 각기 다른 매니저들이 어떤 방식으로 업무를 수행하는지 '개발' 단계를 조사하기 위한 매니저 보육 프로그램이다.

보육펀드 출시 1~2년 후, 다른 펀드보다 수익률이 월등히 뛰어난 펀드 하나를 골라낸다. 그리고 회사에서 수익률이 뒤처지는 나머지 펀드는 사장시키고, 고수익의 기회를 잡은 펀드매니저의 상품이 시장에 발을 들여놓는다. 이 때 중요한 것은 증권사에서 매니저가 '보육' 기간에 운영한 펀드 수익률을 홍보하는 것이 법적으로 아무런 하자가 없다는 것이다. 증권 회사에서 수익률 별점 만점을 자랑하며 홍보하면, 수백만 달러의 투자금이 이 펀드로 몰린다. 하지만 이 놀라운 펀드의 수익률은 회사 내에서 유리한 조건으로 행한 '실험 결과'란 사실은 밝히지 않는다. 펀드에 돈을 건 투자자들은 이내 광고에서 말한 수익률을 자신은 얻을 수 없다는 현실을 깨닫게 된다.

물론 뮤추얼펀드 회사도 이 사실을 알고 있다. 다만 크게 신경 쓰지 않을 뿐이다.(어떻게 보면 양심 불량이라고 할 수 있다) 그 대신, 회사에서는 또 다른 고수익 펀드를 출시하여 투자자들을 현혹할 것이다. 투자업계에서 이 방법은 '수익률 쫓기' 홍보 방법으로 알려져 있다. 찬찬히 살펴보면 완전히 속임수지만 회사로써는 가장 손쉽고 효과 좋은 홍보 방법이다. 투자자들이 이 새빨간 거짓말을 믿고 앞으로도 고수익을 얻을 수 있을 거라 생각하는 점이 문제다. 투자자가 넘쳐서 경쟁이 심한 펀드 업계에 이런 투자자들은 낚기 쉬운 먹잇감이다.

지난 1999년에서 2000년 초반까지 뮤추얼펀드 회사가 내세운 TV 및 인쇄 매체 광고를 기억하는가? 바로 IT주 펀드 광고였다. 그럼, 당시 전 재산을 날려 버릴 수 있는 가장 좋은 방법은 뭐였을까?

IT주 펀드다! 거품이 꺼지자 인터넷 펀드에 투자한 투자자들은 원금의 80%나 되는 돈을 잃었다. 그럼, 2002년 투자자를 현혹했던 광고는 뭐가 있었을까? 답은 채권펀드 광고다. 2002년 당시 최악의 투자라고 볼 수 있는 투자는 뭐였을까? 채권펀드였다!

투자 목적별 뮤추얼펀드에 유입된 투자 금액 1998~2002(백만)					
	1998	1999	2000	2001	2002
공격적 성장 지향형	$11,664	$34,340	$129.327	$19.015	($1,079)
성장 지향형	$64,255	$97,002	$119.079	($1.836)	($25,066)
해외형	$831	$5,987	$31.523	($21.802)	$5,535
성장 및 수익형	$61,894	$30,661	($31,982)	$31.986	$8,450
수익형	$4,864	($14,509)	($19.056)	$4.565	$3,561
균형펀드	$10,154	($12,352)	($31.784)	$9.520	$9,212
채권펀드	$74,610	($5,534)	($48.599)	$87.704	$140,372

출처: 미국 자산운용협회(ICI; Investment Company Institute)

앞에 도표를 보면 단기간 실적에 맞추어 돈을 굴린 투자자들을 갖고 논 월가의 사악한 모습을 볼 수 있다. 1998년부터 2002년까지 다양한 뮤추얼펀드 종류(공격적 성장 펀드와 비교적 안정적인 펀드 순위를 매겼다)에 유입된 투자금액을 도표로 나타낸 것이다.

IT주 버블 시대 이전인 1998년에는 다양한 뮤추얼펀드에 자금 유입이 이루어졌다. 그러나 1999년, 닷컴이 투자업계를 휩쓸면서, 안정적이고 보수적인 펀드에 유입됐던 금액이 눈 깜짝할 새에 빠져나가고 공격적인 펀드에 유입되었다. 이런 세태가 2000년 절정에 달하면서 개인 투자자들이 IT주 버블이 터지기 바로 직전, 공격적 성장 지향형 펀드에 너도나도 돈을 넣기 시작했다.

2000년 말, IT주 펀드 버블이 붕괴되면서 시장은 오랜 침체기제 접어들게 된다. 도표로 알 수 있듯, 2002년에는 대다수의 개인 투자자들이 채권펀드로 황급히 발을 돌려 그 후 2003년 3월부터 펼쳐진 4년의 기나긴 주식 상승 시기를 놓쳐버렸다. 이 행보를 따른 투자자는 2000~2002년 시장붕괴로 엄청난 손실을 입고 채권펀드로 갈아탄 덕분에 엄청난 속도로 회복하는 주식시장의 황금 기회를 눈앞에서 놓쳐버렸다. 그러거나 말거나 뮤추얼펀드 회사에서는 부동산 투자 신탁 펀드의 과거 실적을 펼쳐놓고 여전히 투자자를 현혹하고 있다.

　이는 증권사가 개인 투자자들을 속여 먹는 고전적인 수법으로, 높은 가격에 구입하게 하고 낮은 가격에 팔게 하는 방법이다. 서문에서 언급했듯, 투자자의 실적은 주식시장의 실적에 한참 못 미친다. 이런 식으로 사람들은 전 재산을 잃고 그 주요 원인이 '주식'이라고 생각한다. 하지만 실질적인 문제의 원인은 주식이 아니라 끝없이 실적만 추구하는 투자자의 마음가짐에 있다.

　영국의 '이코노미스트(The Economist)' 지에서는 2000년도에 이런 투자자의 행동이 가져오는 부정적인 결과를 집중적으로 다루었다. 이 기사에서 20세기 두 가상 인물인 해리 하인드사이트(Harry Hindsight)와 펠리시티 폴사이트(Felicity Foresight)의 투자 결과를 비교하였다.

　1900년 1월부터 각자 1달러로 투자를 시작했다. 일반적인 투자 성향을 보이는 해리 하인드사이트는 매년 후반, 그의 전 재산을 그 해 가장 잘 나간 분야에 투자했다. 반면, 뛰어난 통찰력을 가진 펠리시티 폴사이트는 1달러로 다음 해에 잘 나갈 것 같은 분야에 투자했다.

　20세기 말, 해리 하인드사이트의 1달러는 783달러가 되었다. 만약 해리가 해외 주식시장에 돈을 묵혀뒀더라면, 1999년 말 그의 1달러는 9,000달러 이상이 되었을 것이다.

다음해에 잘 나갈 투자 종목이 뭔지 신기하게 알고 있는 펠리시티 폴사이트는 어땠을까? 1999년 말, 그의 자산은 얼마가 됐을까?(상상도 할 수 없을 것이다)

무려 9,600,000,000,000,000,000,000달러이다.

960경 달러다. ‘0’이 17개나 붙다니, 세는 방법조차 모를 것 같은 액수다!(투자비용을 계산해도 몇 경 달러가 남는다.)

이 기사는 2가지를 시사한다. 첫째, 실적 추구는 쓸 때 없는 일이라는 것이다. 이 유혹에 굴복하면 시장 실적보다 훨씬 더 나쁜 수익을 얻게 될 것이다. 둘째, 과거 실적을 보고 성공한다면 빌 게이츠는 여느 집의 청소부가 됐을 것이고 워런 버핏은 집사가 됐을 것이다. ‘포브스(Forbes)’의 미국 부자 400인 목록을 훑어보면, 그 중 ‘수익률 사냥꾼’은 한 명도 없다는 사실을 쉽게 깨달을 수 있다.

그럼 실적이 아니라, 무엇을 봐야 할까? 앞으로 다른 상품보다 훨씬 높은 수익률을 낼만한 뮤추얼펀드를 고르려면, 판매 수수료, 운용보수 비율, 거래 총액 비율, 이 3가지를 살펴보면 된다. 이 3가지 정보는 쉽게 얻을 수 있고 펀드의 향후 실적과 상당한 연관이 있다.

판매 수수료에 대한 대처방법은 아주 간단하다. 판매 수수료가 있으면 투자하지 않으면 된다. 그게 전부다. 선취 수수료, 환매 수수료, 12b-1보수 등 어떤 수수료든 상관없다. 펀드에 주식 등급이 있어 A, B, C 등으로 판매 수수료가 나누어지는 상품을 골랐다면 잘못된 상품에 돈을 넣은 것이다. 고심해 봐도 이 외에 다른 투자 상품이 없다는 생각이 들면, 5%의 수수료를 미리 지불할 것인지, 아니면 환매 수수료가 무서워 5년 동안 수익도 나지 않는 상품에 투자할 것인지 곰곰이 잘 생각해야 한다. 하지만 시장에는 8,000개가 넘는 뮤추얼펀드 상품이 있어 다양한 선택사항이 있는데 그런 의미 없는 돈을 낭비해야 하는 이유가 있을까?

절대 그럴 필요 없다!

하지만 운용보수 비율이라면 말이 다르다. 모든 펀드가 운용보수를 받기 때문이다. 하지만 투자자에게 청구하는 비용 비율은 펀드마다 다르다. 인덱스펀드는 특정 시장 주가지표와 연동되어 여기저기 옮겨 다니며 투자하는 증권사에 매매 수수료를 주지 않아도 되기 때문에 훨씬 유리하다. 뿐만 아니라 대부분의 인덱스펀드와 상장지수펀드(Exchange Traded Fund, ETF)의 운용보수 비율은 일반적으로 관리 운용 소매물가지수 뮤추얼펀드의 운영비용보다 1% 가량 저렴하다.

　　마지막으로 거래 총액 비율은 이 펀드에 얼마나 많은 거래가 이루어지고 있는지를 보여준다. 이 비율은 1년간 거래된 금액을 나타내는 펀드의 주식 포트폴리오의 연간 퍼센트를 나타낸다. 특히, 거래 총액 비율이 75%가 넘으면, 펀드 자체에서 투자하고 있는 4개 주식 중 3개는 내년에는 더 이상 투자되지 않을 것이라는 뜻이다. 펀드 운용자가 주식을 매도할 때마다 중개 수수료가 붙고, 이 수수료는 운용비용으로 청구되어 투자자들의 수익률을 낮추는 요인이 된다. 그 뿐만 아니라 주식을 매도하게 되면 소득세도 붙어 세금을 내는 펀드 투자자에게 더 많은 비용이 청구되는 것이다.

　　최소한의 비용이 들고, 최소한의 거래만 하는 펀드는 투자자에게 소득세를 제한 이후에도, 높은 수수료가 붙고 잦은 거래로 엄청난 세금이 붙는 다른 펀드보다 훨씬 더 높은 수익을 제공한다. 잦은 거래가 더 효율적인 것 같이 보이겠지만, 다양한 장애물을 모두 뛰어넘기란 쉽지 않은 법이다. 이런 사항을 살펴보면 과거 수익률에서 별점 만점을 받은 펀드보다 뮤추얼펀드에 투자하는 것이 성공할 가능성이 많다는 것을 알 수 있다.

　　이 3가지 기준을 소매물가지수 뮤추얼펀드에 적용해 보면, 8,000개가 넘는 종류의 상품 중에 투자할만한 상품은 몇

개 남지 않는다는 사실에 깜짝 놀랄 것이다. 합당한 것 같아 보이던 운용비용과 세금이 지속적이면서 다소 지루한 진행을 보이는 펀드에는 거의 찾아볼 수 없는 것이 현실이다. 양을 늘려서 투자자를 실적만 생각하게 만들고 그로 인해 매수와 매도를 끊임없이 거듭하여 득보다는 실이 많아지는 것이 소매물 가지수 뮤추얼펀드이다.

최근 몇 년간 증권사는 '프리랜서 회계 매니저' 프로그램에 주력해 개인 펀드 매니저와 하청 계약을 맺어 또 다른 중개 영업 인력의 장을 만들었다. 또한 그들은 고객에게 이 개인 펀드 매니저를 소개시켜주며, '록펠러(Rockefellers)'와 같은 VIP에게만 제공하는 서비스를 받게 해 주겠다고 한다. 덧붙여 펀드 매니저의 단기, 장기 실적에 대해 입이 닳도록 칭찬하고 프로그램을 담당하는 모든 매니저가 고수익을 올리는데 큰 기여를 할 것이라고 호언장담한다.

이 이야기는 별점 만점 뮤추얼펀드 상품 광고와 다른 이야기 같지만, 그 결과는 다를 바 없다. 펀드 매니저의 과거 실적을 보고 앞으로도 똑같은 실적을 낼 것이라고 장담할 수 없다. 매니저의 실적을 홍보하는 것은 투자자이 믿고 싶은 소망을 이용하는 증권사의 상술일 뿐이다. 방금 전에 설명한 별점 만점의 펀드 상품과 같이, 개인 펀드 매니저 프로그램에 서명한 투자자는 지금까지 고수익을 자랑한 이 매니저들이 계속해서 좋은 실적을 내지 못 한다는 사실을 이내 깨달을 것이다. 고객이 깨닫게 되면, 증권사에서는 수익이 좋지 않은 매니저를 최근 고수익을 올린 매니저로 바꿔버리고 꿈에 부푼 또 다른 투자자에게 프로그램을 홍보할 것이다. 하지만 이전에 소개받은 매니저 프로그램으로 현실을 경험한 투자자는 본전도 못 찾게 된다.

스스로의 결정이든 상술에 넘어갔든, 실적을 쫓는 투자자들은 결국, 기대치보다 훨씬 낮은 수익을 얻고 가슴 아픈 투자 경험을 겪게 된다.

그냥 무시하라! 별점, 실적 좋은 매니저, 월가 전체 실적 등은 다 무시하라. 수수료, 거래 총액을 살펴보고 한 가지 방법을 고수하는지도 알아본 후에 투자 품목을 고르고, 매니저도 같은 잣대를 대어 선택해야 한다. 투자 경력이 쌓이면 유혹을 제어할 수 있고 옳은 것을 보는 눈이 생기며, 그와 동시에 실적 그 자체에 중점을 맞추어 앞으로 장기간 좋은 실적을 낼 수 있는 기회도 얻게 된다.

누가 이런 방법을 처음부터 알겠는가?

현실

과거 실적을 기반으로 투자 결정을 하게 되면, 더 나쁜 실적을 얻게 되는 것이 투자계 머피의 법칙이다. 주식, 펀드, 매니저의 과거 실적은 최근 그 분야 시장이 수익호기였던 것과 큰 관련이 있기 때문이다. 시장은 호황과 불황이 아무도 알 수 없는 사이에 순환하기 때문에, 과거 실적에 연연하는 투자자는 기회를 놓칠 뿐만 아니라 불황이 닥치기 바로 직전에 해당 펀드에 돈을 투자하여 몽땅 잃기 십상이다.

해결책

어떤 분야의 시장이 앞으로 호황일지 알 수 없으므로, 투자 과정에서 자신이 제어할 수 있는 요인들을 잘 생각한 후에 투자를 결정해야 한다. 그 요인에는 판매 수수료, 운용보수 비율, 거래 총액 비율이 있다. 수수료는 최대한 지불하지 않고 비용은 최소화하는 것이 과거 실적에 목숨을 거는 것보다 훨씬 더 성공적인 투자를 구현할 수 있을 것이다.

CHAPTER 4

활발한 거래는
득이 된다??

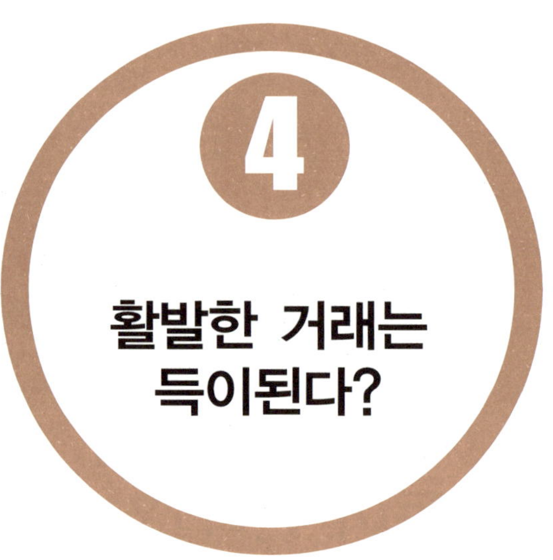

활발한 거래는 득이 된다?

'최대한 거래량을 줄이는 것이 성공적인 투자에 도움이 된다. 하지만 대부분의 투자자들은 지속적인 매수와 매도의 유혹을 뿌리치지 못 한다.'

– 워런 버핏

고대 그리스 수학자, 아르키메데스는 다음과 같은 유명한 명언을 남겼다.

'적당한 길이와 강도의 지렛대만 있으면, 한 손으로도 세상을 움직일 수 있다.'

이 명언을 투자와 접목시키면 '적당한 기간과 신중한 전략만 있으면, 당신을 엄청난 부자로 만들어 줄 수 있다' 로 바꿀 수 있다.(한 눈에 반할 것 같은 문구는 아니지만, 지금부터 내가 말하려는 내용을 아주 잘 함축하고 있다)

많은 투자자들은 시간이 지나면 시장이 자신의 자산을 불려 줄 것이라는 것을 이미 알고 있다고 한다. 하지만 이들 대부분이 자산이 증식하는 것을 가만히 지켜보지 않고 계속 움직여서 부자가 된 사람은 거의 없다. 보통은 이 주식, 저 주식, 이 분야, 저 분야, 이 펀드, 저 펀드로 옮겨 다니며 투자한다. 조바심에 못 이겨 스스로 번잡하게 투자하는 경우도 있고, 증권사 직원의 사탕발림에 넘어가는 경우도 있다.

무엇이 문제일까?
투자자는 시간이 지나면 수익을 얻을 수 있다는 사실을 알고 있는데, 왜 그렇게 이곳저곳 옮겨 다니며 수익을 주려고 하는 시장을 피하는 걸까?

바로 '알 수 없는 미래' 때문이다.
지금 와서 지난 30~40년 전을 회상하며, 시간이 지나면서 투자 금액이 점점 불어났다고 생각하는 것은 간단하다. 1967년에 S&P500 인덱스펀드에 100,000달러를 투자했으면,

2007년 평가금액은 무려 5,200,000달러가 됐을 것이다. 얼마나 쉬운가? 바보라도 할 수 있는 일이다.

하지만 그 40년간 시장에 있던 투자자들은 다양한 고난을 이겨내야 했다. 어떤 고난이 있었는지 궁금한가?

베트남 전쟁, 워터게이트, 석유파동, 남북전쟁, 1987년 주식시장 붕괴, 걸프전, 닷컴주 버블 붕괴, Y2K, 911테러, 아프가니스탄 전쟁, 이라크 전쟁 등, 수도 없이 많다.

아마 비웃음을 지으며 '그 일은 이미 다 지나간 일이고 별 문제도 없었잖아' 라고 생각하는 투자자도 있을 것이다.

그들의 말이 옳다. 그럼 앞으로는 어떨 것인가? 지금 전 재산을 주식시장에 투자하고 앞으로 30년간 그 돈에 손대지 말라고 하면, 그럴 수 있겠는가?

아마 앞으로 일어날 일은 다르기 때문에 과거와는 별개의 문제라고 생각할 것이다.

과거와 미래는 연관이 없기 때문이다. 어느 일이나 진행 중에 문제가 발생한다. 역사는 되풀이되지 않기 때문에 앞으로의 일을 예측하기 어려운 것이다. 1973~1974년 불황으로 S&P500지수가 2년 만에 23포인트나 떨어져 48%의 손실이 발생했을 때, 투자자들의 마음은 어떠했을까?

지금은 이미 결말을 알기 때문에 지난 과거라 별 생각 없이 생각하고 두려워하지 않는다. 하지만 같은 방식으로 미래를 생각할 수 없다. 사건이 발생하면 언제, 어떻게 해결될지도 모르기 때문에 불안감이 증폭되고, 그 불안감 때문에 단기간에 해결될 일을 참지 못하고 투자 금액을 움직이면서 수익을 올릴 수 있는 기회를 놓치게 된다.

하지만 그런 불확실성 덕분에 투자자들이 돈을 벌 수 있다. 다소 안전한 채권이나 현물 대신 위험을 감수하고 주식시장에 투자하기 때문에 한층 더 높은 수익으로 보상받는 것이다. 이런 것을 '위험대가(Risk Premium)'라 한다. 위험대가는 투자자들이 소위' 위험 부담이 없다'는 국채에 투자하는 대신 주식에 투자하여 얻은 수익을 일컫는다. 역사적으로 봤을 때, 이 위험대가는 평균 8%대를 유지하고 있다.

주식으로 인해 얻는 것은 위험대가뿐만이 아니다. 어떤 주식은 그보다 더 많은 수익을 가져다주지만 점차적으로 조금씩 성장하기 때문에 장기간의 시간이 필요하다.(예를 들어, 대형주 보유자들은 1930년대에서 1970년대를 거쳐 지금까지 기다려야 했다) 그 긴 기간 동안 주식 투자의 위험페널티(Risk Penalty)가 발생할 수 있고, 주식시장에 투자보다 채권 투자로 더 많은 돈을 벌 수 있는 기회도 있었을 것이다.

이 모든 것은 불확실한 미래와 연관되어 있다. 그렇기 때문에 투자자들은 주식 투자 시, 실질적인 것이 아닌 허상을 보고 투자하는 악마와의 거래(Faustian Bargain)를 해야 한다. 예측할 수 없고 생각할 수도 없었던 위험 요소가 대가를 얻기 전까지 도처에 도사리고 있다는 것을 숙지해야 한다. 주식시장이 제공하는 수익을 얻고 싶으면 어떤 위험이 닥치더라도 차분한 마음을 갖고 그 위험을 이겨내야 한다.

위험을 감수하기 싫은가?

위험을 감수하고 싶은 사람은 세상에 아무도 없을 것이다. 하지만 호랑이를 잡으려면 호랑이굴에 들어가는 수밖에 없다.

누구든지 이런 사항을 이해하지만, 대다수의 투자자들은 실천에 어려움을 겪고 있다. 일반적으로 좋은 점만 누리기 원하고 나쁜 점은 생각지 않기 때문에, 주식 투자로 발생하는 위험을 피하려고 여기저기 옮겨가며 투자하는 것이다. 하지만 이들은 위험을 피하는 것이 아니라 시장이 던져주고 있는 수익을 피하는 결과를 맞는다.

이런 투자자들이 수익을 놓치는 이유는 간단하다. 주식시장은 누워서 떡먹기 식으로 간단하게 수익을 제공하지 않는다. 투자자의 기대치를 낮게 가지면, 매매를 많이 하지 않아도

1년 만에 엄청난 수익을 제공하기도 한다. 하지만 아래 도표에
서 볼 수 있듯이, 투자자는 그 기회를 놓치고 손실을 보는 것
이다.

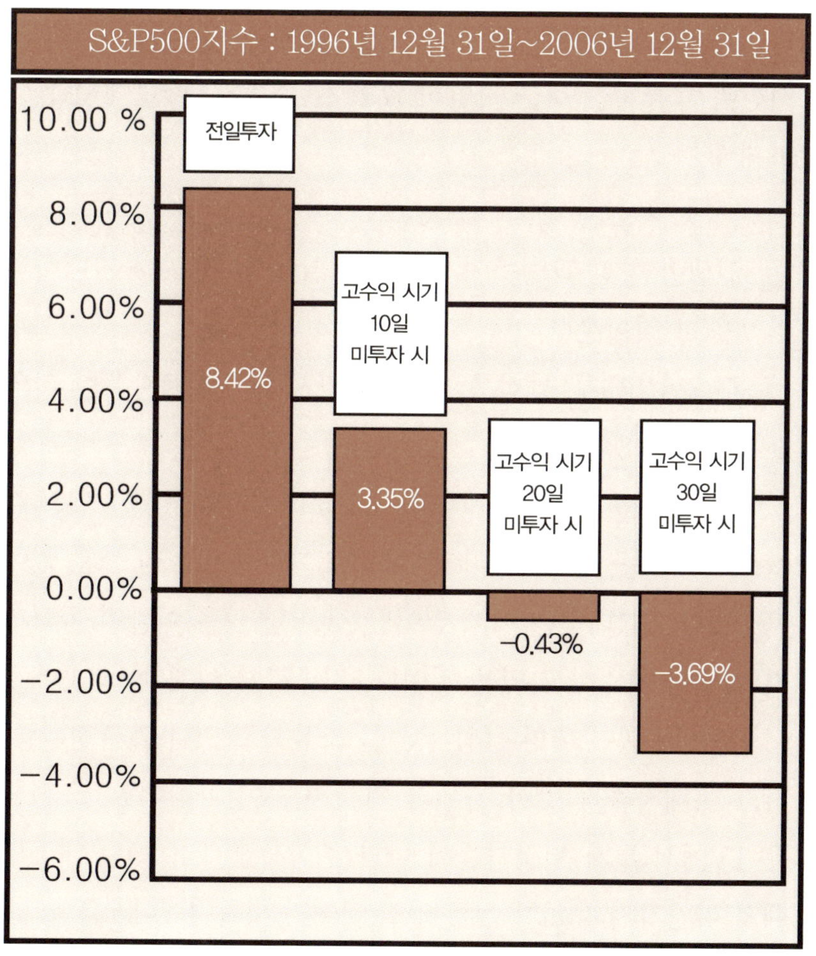

10여 년(약 2,520일)간, 주식시장의 대가수익은 10일(백분율로 환산하면 0.03%)에 몰려서 제공된다. 이 10일을 놓치게 되면 여느 투자 시장에 투자한 만큼 밖에 수익을 얻지 못 하게 되고, 10일 이상이 되면 손실을 보게 된다.(오차가 거의 없다)

거듭 조사하더라도 투자자의 의욕이 과하면 엄청난 손실을 입는다는 결과가 나올 것이다. 대부분의 투자자들은 주식시장이 요동치는 것을 가만히 앉아 볼 수 없기 때문에 손실을 보게 된다.

인생이 항상 그렇듯이, '고수익 시기'는 우리가 기대하지 않았을 때 찾아온다.

2003년 3월부터 회상해 보자. 당시 S&P500지수는 거의 50%가 하락했다.

엔론(Enron), 아서앤더슨(Authur Andersen), 월드컴(WorldCom) 등, 셀 수 없이 많은 닷컴 회사들이 소리 소문 없이 사라졌다. 911테러는 어제 일어난 것 마냥 많은 이들이 아직까지 생생히 기억하고 있을 것이다. 지금까지 세계 어느 곳에서도 보지 못 했던 대형 살상 무기를 소유하고 있다고 추정된 이라크 독재자들과 맞서 싸우기 위해 미군이 파병되었다. 지금은 TV에서 투자 전문가들이 나와 주식시장에 1929년 대공황 때와 마찬가지 붕괴가 이루어 질 것이라 떠들어댔다.

투자자들은 이런 뉴스를 보고 우울하게 있을 수밖에 없었다. 하지만 결국 어떻게 됐는가? 주식은 사람들의 예상을 피한 결과를 내놓는다.

2003년 3월 11일부터 주식시장은 상승세를 타더니, 주식거래 장 연속 8분기에 걸쳐 오름세를 보여, S&P500지수는 12%가량 상승했다. 그리고 6주 후에는 상승폭이 20%가까이 되었으며, 그 해 말에는 40% 성장했다. 소형주의 러셀2000지수(Russell 2000 Index)도 60%나 올랐다! 3년간의 불황으로 시장이 요동칠 때 '안전성'을 위해 돈을 모두 빼서 채권펀드에 투자하지 않고 주식시장이 준 선물을 받은 사람은 소수에 불과했으며, 수백만 명의 대다수 투자자들이 이 기회를 놓쳤다.

한 가지 좋은 방안이 있다. 분산투자를 하면 주식시장이 요동칠 때 움직일 필요가 없다. 물론 특정 기간 동안은 하락세를 면치 못 할 수도 있다. 하지만 자산을 10여 가지 등급, 1,000여 종 주식에 분산투자하면 자본시장 그 자체에 투자하는 것이 된다. 북한의 김정일이라면 이를 납득하지 않을 것이다. 하지만 지난 300년간 이런 투자가 꽤나 지속적으로 좋은 모습을 보여주고 있기 때문에 민주주의 자유 국가에서 살고 있는 시민에게는 분산투자가 훨씬 더 마음 편하다.

그렇기 때문에 소수의 주식을 구입해서 단타에 치고 빠지는 위험부담을 줄이고 위험대가를 손에 넣기 위해서는 투자의 넓이(다양한 주식에 투자)와 길이(장기간의 인내)에 대해 숙지하고 있어야 한다. 별 기대 않고 있을 때 깜짝 선물을 준비해 주는 시장에 대응하려면 이런 전략이 큰 도움이 될 것이다.

활발한 거래는 필요 없다.

현실

투자자들은 미래에 대한 불확실성을 두려워해서 황급하게 투자 방향을 바꾼다. 이런 결정은 보통 '매니저(상품을 팔아 돈을 버는 영업 사원들)'가 현재 시장에 투자해야 한다고 하거나 돈을 빼야 한다고 투자자를 부추겨서 이루어진다. 하지만 현실은 투자 종목을 많이 바꾸면 바꿀수록 손실이 더 커지고 주로 기대치 않을 때 발생하는 엄청난 수익을 놓칠 수 있다. 시장 수익률과 투자자의 수익률 차가 큰 이유는 투자자가 끊임없이 거래에 손을 대기 때문이다.

해결책

가장 적합한 투자 방법은 분산투자이다(재분배, 재분할, 과세상각 수익 등). 주식시장 역사를 뒤돌아보면 투자금을 되도록 적게 움직일수록, 그 수익은 더 많아진다.

CHAPTER 5

나는 투자에 능하다??

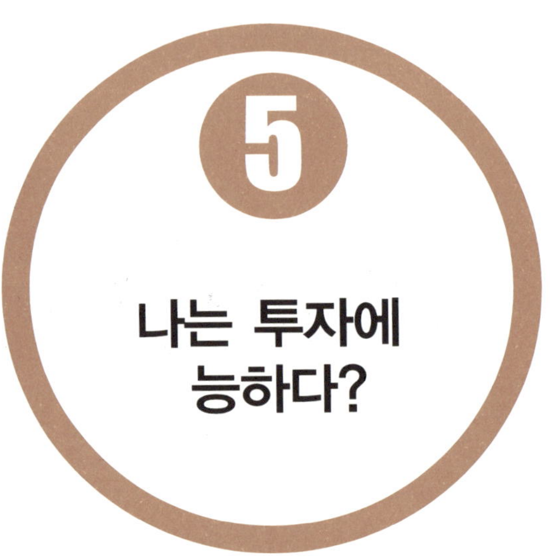

나는 투자에
능하다?

'투자자의 가장 큰 문제점이자 최강의 적은 자만심이다.'

– 벤저민 그레이엄(Benjamin Graham), 증권분석(Security Analysis, 1934년 출간) 중

편안하게 소파에 앉아서 제퍼디(Jeopardy)라는 TV 퀴즈 쇼를 본 적이 있는가? 본 적이 있다면 아마 나처럼 정답을 못 맞히는 도전자를 비웃으며 자신이 얼마나 똑똑한지에 대해 옆방에 있는 아내에게 다 들릴 정도로 뽐낼 것이다(특히 바보 같은 도전자가 '최고의 골퍼로' 피거'라는 발음이 들어가는 선수 이름은?' 이란 질문에 아무 것도 모르겠다는 얼굴로 눈만 깜빡이는 장면이 자주 나오는 스포츠 분야를 좋아할 것이다).

쇼가 끝나면 자신의 상식 수준에 스스로도 감탄하며, 마음만 먹으면 쇼의 우승자가 될 수 있을 거란 생각도 할 것이다. 하지만 현실은 어떤가?

쇼에서는 도전자가 틀린 답을 제시하였을 때 총점이 깎이지만, 우리는 집에서 노닥대며 문제를 풀 때 틀린 건 그냥 넘기고 맞힌 답만 생각한다. 자신의 실수는 계산하지 않기 때문에 쇼에서 나오는 문제는 다 알고 있다고 생각해버린다. 실제 퀴즈 쇼에 나가게 되면 가차 없는 규칙을 적용시켜서 첫 번째 문제부터 탈락할 것이다.

이와 똑같은 현상이 투자 세계에서도 발생한다. 많은 투자자들이 자신의 성공에 대해서는 과대평가하면서 실패한 투자는 별 일 아닌 것처럼 여긴다. 일반적으로 자신의 투자 능력을 실제보다 훨씬 더 뛰어나다고 생각하며, 그 때문에 적절하게 투자할 때 얻을 수 있는 수익을 그대로 놓쳐버린다.

워싱턴 주립 대학, 존 R. 노프싱어(John R. Nofsinger)의 저서 '투자의 심리학(The Psychology of Investing)'에서 그는 알아서 혼자 투자하는 투자자들의 실제 투자 결과와 투자자 자신이 생각하는 성공 정도의 차이를 알아보기 위해 다양한 실험을 시행했다. 노프싱어 교수는 투자자의 '인지적 부조화(Cognitive Dissonance)'가 미치는 영향, 특히 전혀 반대방향을 가리키고 있는 표지판을 보고 제대로 결정을 했다고 믿는 투자자들의 무지함에 대해 다음과 같이 집어냈다.

투자자들은 심리적인 고통을 덜기 위해 과거 투자 선택 성공 여부에 대한 믿음을 스스로 조정하는 경향이 있다. 예를 들어, 한 투자자가 뮤추얼펀드에 투자하기로 결정했다. 시간이 지나면서 투자자가 이 뮤추얼펀드를 선택한 것이 잘된 선택인지 잘못된 선택인지 실질적인 수익률이 나온다. 이 때, 투자자는 인지적 부조화를 줄이기 위해, 뇌에서 자동적으로 긍정적인 경험만 남기고 부정적인 경험은 지워버린다. 그러므로 투자자에게 과거 실적을 물으면 실제 투자 실적보다 훨씬 더 좋았다고 대답하는 것이다.

노프싱어 교수는 투자자에게 지난해 뮤추얼펀드 투자 수익률에 대한 다음 2가지 질문 조사 결과를 강조했다.
첫째, 지난해 수익이 어떠했는가?
둘째, 시장 수익을 추월한 것 같은가?

실험은 건축가 투자자와 전미 개인 투자자 연합(AAII) 회원, 두 개 그룹으로 나누어 진행되었다. 두 그룹 모두 고학력인데다, AAII 회원 같은 경우는 전문 투자자 못지않은 관심을 가지고 있다.

건축가 그룹의 경우, 과거 투자 실적에 대해 실제 투자 실적보다 평균적으로 6.22% 더 높았다고 생각했으며, 시장 수익 '추월 비율'은 4.62% 이상 과대평가했다.

1~2%라도 시장 수익을 추월하기란 쉽지 않은 일임에도 불구하고, 대부분의 건축가는 자신들이 시장 수익을 추월하고 있다고 생각했다.(진실은 반대였다)

AAII 그룹의 아마추어 투자자들 역시 자신의 수익률에 대해 낙관적인 견해를 가지고 있었다. 이들은 투자 실적을 평균적으로 3.40% 높게 보고, 5.11%나 더 많이 시장 수익을 추월했다고 자신을 과대평가했다.

즉, 누구나 평균 이상이라는 게리슨 케일러(Garrison Keilor)의 말처럼, 모든 투자자들이 자신의 능력을 평균보다 더 높다고 믿고 있다.

이런 일이 발생하는 이유는 간단하다. 수익호기에 자산구성을 보면 자신의 투자 품목이 온통 빨간색이기 때문에 스스로 상당히 투자를 잘하고 있다고 생각한다. 불황 때는 손실을 보긴 하지만, 다른 사람들도 똑같이 손실을 볼 것이라는 안일한 생각을 한다. 투자자를 배신하고 엄청난 손실을 안겨준 품목도 있겠지만 투자자들의 관심은 다른 곳에 있다. 이들은 몇몇 종목이 엄청난 수익을 내면 이 손실을 메울 수 있을 거라 생각하는 것이다.

　실질적인 투자 실적, 수수료, 보수, 시간을 계산해서 자신의 손익을 제대로 알고 있는 투자자가 드물다는 것이 문제이다. 계산하기에는 터무니없게 복잡하고, 제대로 된 결과를 얻으려면 비싼 프로그램을 사용해야 한다. 자신의 투자에 대한 무수한 추측만 가득하기 때문에 최종 손익 결과를 산출하기 거의 불가능하다는 점이 투자 성공의 주요 방해 요소이다. 위의 연구 결과에서 나타나듯, 인간은 자만심이 강하기 때문에 투자자들은 항상 자신이 잘 하고 있다고 생각한다. 고통은 차단하고 긍정적인 부분에 집중하는 능력 덕분에 인류가 지금까지도 생존할 수 있었던 것 같다. 하지만 투자 시장에 이런 능력이 가미되면 사정이 달라진다. 투자를 해서 손실을 입었는데도 불구하고 '잘 하고 있다'고 생각하며 엉망진창인 결과에 만족하는 것이다.

　오늘날 개인 투자자를 절망의 길로 인도하는 또 다른 위험 요소는 현재 우리시대에 만연한 순간적인 쾌락의 추구이다. 투자자들은 이성적으로는 장기간 시간을 두고 신중하고 차분하게 투자하면 시장의 기적을 경험할 수 있다는 것을 알고 있다. 하지만 손쉽게 돈을 버는 모습을 보고 감정적으로 흔들린다. 한 작은 회사가 획기적인 신제품을 발매하면서 회사 주식이 일주일 만에 1주당 1달러에서 20달러로 뛰었다는 이야기를 종종 듣는다. 혹은 시장 성장률이 5%에 불과했을 때, 150%의 수익을 낸 헤지펀드 성공담도 있다. 이럴 때마다 10,000달러만 거기 투자했으면 엄청난 수익을 봤을 거라는 말도 안 되는 생각을 하게 된다.

실제로 투자하지 않았으면 그냥 꿈 깨는 것이 정신 건강에 좋다. 시간을 되돌려서 그 주식을 살 능력이 없는 한, 이런 방식으로 성공할 수 있는 확률은 매우 낮다. 개인 투자자들 사이에 이런 백일몽 같은 이야기가 만연해서 손쉽게 돈을 벌 수 있을 거라는 무익한 꿈만 심어주고 있다.

피부에 와 닿을 만한 예를 들어보자. 2005년 여름부터 미국주식보다 해외주식이 두각을 나타내며 상승세를 타기 시작했다. 이 현상은 2006년까지 계속되었다. 신중한 투자자라면 이런 해외주식 상승세 흐름에 투자하는 것이 위험한 선택이라는 것을 눈치 챘을 것이다. 상승세는 예고 없이 하락세로 돌아설 수 있기 때문이다. 하지만 대다수의 투자자들이 이를 눈치 채지 못 했다. 미국 자산운용협회의 조사에 따르면, 개인 투자자들이 2007년 1분기에만   해외펀드에 812.8억 달러를 투자했다. 동기간 미국 주식 연동 뮤추얼펀드 투자 금액이 80.9억 달러인 것과 비교하면 엄청난 차이다. 미국 투자자들의 뮤추얼펀드 유입금액의 90%가 모두 해외펀드로 빠져나간 것이다!

탄탄한 분산투자에서는 해외주식도 하나의 중요한 투자 분야다. 하지만 당시에는 수십만 명의 투자자들이 그 수십 억 달러를 분산투자하지 않고 한 곳에 집중 투자해 좀 더 큰 수익을 보려했다!(예상할 수 있겠지만, 해외주식은 2007년 7월을 기점으로 미국주식보다 더 큰 하락세를 보이기 시작했으며, 이는 2008년 최절정에 달했다)

이런 이야기들이 아직까지도 마음에 와 닿지 않는다면 아래 퀴즈를 풀어 보자.

빈 칸에 가장 알맞은 답을 생각하면 된다.

1. 오늘날, 뮤추얼펀드 평균 보유 기간은 ________이다.

2. 오늘날, 개인 주식 평균 보유 기간은 ________이다.

1번 답 : 겨우 3년
2번 답 : 고작 10개월 정도

말이 된다고 생각하는가? 사람들은 장기 투자는커녕, 중기 투자도 생각하고 있지 않다.(10개월을 단기라고 하기 부끄러우니 초단기라고 봐야겠다)

이런 현상은 더욱 심해지고 있다. 최근 몇 년간, 금융계는 선물, 파생, 옵션 등과 같이 복잡한 투자 상품을 '프로처럼' 주식시장 위험을 떨쳐버릴 수 있다고 광고하며 개인 투자자에게 끊임없이 판매하였다. 똑똑한 만큼 위험과 수익을 조정할 있는 방법이 있다는 관념이 은연중에 상품 속에 녹아있어 상품 판매를 부추겼다. 앞에서 언급했듯, 증권사에서는 모기지 파생 상품이 모지기를 직접 소유하는 것보다 훨씬 위험이 적다고 속이는 것이다.

하지만 위험과 수익을 조정할 수 있는 방법은 절대, 절대 없다. 위험과 수익은 항상 동반된다. 필요치 않은 위험을 분산할 수는 있지만 주식 투자로 비롯되는 위험을 선물 및 파생 상품과 같이 변동이 심한 상품으로 자산의 균형을 맞춰 없애는 것은 불가능하다. 2008년 가을, 이런 상품들이 모든 시장 환경에 어떻게 반응했는지 말을 안 해도 다 알고 있을 것이다.

이색적이면서 변동이 심한 투자에 발을 담궈 하락세인 시장에서 벗어나 수익을 얻으려고 발버둥친 개인 투자자들의 무익한 행보는 결국 엄청난 손실만 초래하였다. 투자자들은 자신의 정확한 손실을 파악할 수 없고 고통은 잊어버리려 하기 때문에, 엄청난 손실이 발생해도 무엇이 잘못됐는지 파악하지 못한다.

고통을 그대로 느껴라. 투자 자산으로 은퇴 후 충분히 지낼수 있는지를 지금의 물가에 맞추어 계산해 보라. 만약 조금이라도 불안감이 느껴진다면, 차분하게 앉아 자신의 자산을 계산해 보고 진지하게 올바른 투자법을 찾아봐야 한다.

현실

자신 스스로 투자에 임하는 투자자들은 인지적 부조화가 만연하여, 이들의 뇌에서는 부정적인 것을 막고 긍정적인 것만 취하려한다. 그렇게 되면 얼마 되지 않는 수익에 만족하고 막대한 손실에 둔감해진다. 뿐만 아니라 투자자들은 현대병인 '순간적인 쾌락의 욕망'에 물들어 쉽게 돈을 벌고자 무익한 행보를 하게 된다. 그결과, 개인 투자자들의 실제 실적은 자기 자신이 생각하는 것보다훨씬 더 적은 결과가 나타난다. 이는 투자자들이 거래 비용이나세금 등을 고려하지 않기 때문이다. 투자자들은 '순수' 실적을 모르기 때문에 자신의 행동에 대한 결과에 대해서도 무지하다.

해결책

돈을 스스로 관리하고 싶다면, 엄격하게 계획을 짜서 진리를 따르듯 그 계획을 따라야 한다. 절대 목표에서 벗어나는 단타 투자에손을 대면 안 된다. 투자 소프트웨어를 이용해 실제 순수 실적을알게 되면, 자신의 자산이 얼마나 손익을 봤는지 정확하게 감지할수 있다. 이 일이 부담스럽게 느껴진다면, 투자자의 편이 되어줄운용보수만 받는 개인 자문가와 상담하라.

CHAPTER 6

미디어는 투자 정보를 얻을 수 있는 좋은 매개체다??

6

미디어는 투자정보를 얻을 수 있는 좋은 매개체다?

'신문 값 정도로 사실을 알기에는 역부족이다.'

– 루이스 그리자드(Lewis Grizzard), 유머리스트 겸 신문 칼럼니스트

더러운 비리를 밝힐 때가 됐다.

나는 대학 때 회계나 경영을 전공하지 않았다. 놀랄지도 모르겠지만 나는 신문방송학과를 나왔다.신문방송학과를 졸업하고, 잠시나마 애틀랜타 주 외곽에 있는 한 교회 일간신문지 기자로 처음 취직했다가 잡지 편집자로 전직했다. 경력이 2년 채 되지 않지만, 그래도 신문방송업계에 몸을 담으면서 값진 삶의 교훈을 얻었다. 갓 졸업한 사회 새내기에게는 의식주나

교통비를 해결할 수 있다는 것만으로 얼마나 대단한 일이었는지 모른다. 1년에 15,000달러를 벌어도 의식주와 교통비를 넉넉하게 쓰기 힘들었다.

신문방송업계에 몸담은 기간은 얼마 되지 않지만, 기사 작성법을 배우기에는 충분한 시간이었다. 그중 가장 중요한 것은 기사 주제에 대해 잘 이해하지 못 했어도 사람들의 흥미를 끌만한 내용으로 1,000자 정도를 채우면 문제없다는 것이다. 그 기사의 내용이 진실인지 아닌지도 상관없다. 독자들이 기사에 흥미를 가지게 하고 그 내용을 믿게 만드는 것이 중요하다.

종종 학교 배정지역 재조정 계획과 같은 주제에 대해 글을 써야 할 때도 있었다. 23살의 독신 남성인 나는 학교 배정지역 재조정 계획이란 주제가 낯설뿐더러 관심도 없었다. 하지만 기자이기 때문에 그 주제에 대해 잘 알고 있는 3~4명의 사람들과 대화를 한 후, 학교 배정지역 재조정 계획에 관한 논쟁점을 추론해, 전혀 알지 못했던 주제에 대해 마치 박식하게 알고 있다는 듯이 기사를 쓸 수 있었다.

정의를 실현하는 것처럼 보이는 신문방송업계는 거짓으로 가득 차 있다. 이 업계 사람들은 불과 몇 분 전에 처음 알게 된 주제의 관련 사실을 조금씩 얻어내 논리적으로 타당한 것처럼 재구성하여 꾸미는 능력이 뛰어나다. 몇 년 전 크리스마스 파티 때 만난 신문 편집장이 '신문방송기자는 한층 더 넓고 깊게 본다' 고 기자에 대해 한 마디로 일목정연하게 정리했다.

투자 관련 기사라고 해서 더 정직하란 법은 없다. 소수의 유명한 종목들이나 사실을 제외한 나머지 기사들은 기자들이 월가의 소문을 그대로 듣고 써서 투자는 흥미진지하고 놀랍다고 생각되는 기사들이 가득하다.

하지만 실제 투자 성공의 길은 상당히 지루하다. 효과적으로 분산투자하고 비용과 세금을 계산하며 감정을 조절하고 차분한 마음으로 기다려야 한다. 물론 지금까지 살펴봤듯, 이런 지루한 성공의 길을 걷는 것은 매우 힘든 일이다. 거의 대부분의 투자자들이 감정에 휘둘리기 때문이다. 하지만 이런 투자 성공의 '비결' 에 대해 진실하게 기사를 쓰려면 공간을 채우기가 힘들 것이다.

기자들이 이 성공 비결을 숙지하고 있다고 치더라도, 이 내용을 어떻게 기사로 쓸 수 있을까? 잡화점에서 금융 잡지 표지에 '이번 달에도 저번 달과 마찬가지로 투자 성공 비결 4가지를 복습해 보자!' 와 같은 기사 제목이 나있다고 생각해 보자.

잡지 내용은 뒷면 한 쪽만으로도 충분하다. 매달 이런 식으로 1장짜리 잡지가 나오는 것이다.

사람들이 잡지를 사보겠는가?

거의 사보지 않을 것이다. 수익이 없으면 매일 똑같은 내용의 잡지를 펴낼 여력도, 독자를 사로잡을 방법도 없다. 그렇기 때문에 금융 잡지에서는 올바른 투자 방법을 알려주는 것이 아니라 독자를 사로잡을 수 있는 자극적인 기사들을 가득 채워 잡지를 만드는 것이다.

기자들이 투자에 대해 잘 알고 있다 해도 독자들이 잡지 구독을 하게 만드는 자극적인 요소(잘 나가는 펀드, 매니저, 주식 등)를 다루는 기사를 쓸 수밖에 없다. 금융 전문 평론가 제인 브라이언트 퀸(Jane Bryant Quinn)은 이런 잡지들을 '투자 외설지(Investment Pornography)'라고 정확히 집어 말했다. 이런 무익하고 자극적인 기사들로 독자들을 유혹해 판매 부수를 올리니 말이다. 그 기사들은 투자에 오히려 해가 되는 내용을 담고 있다.

내 말이 과하게 느껴진다면 몇 가지 예를 들어 알아보자. 1999년, '포춘(Fortune)' 지에서는 항상 '꼭 투자해야 할 최고의 펀드' 와 같은 기사를 다루던 투자 잡지 출판사 출신의 기자가 고해성사 칼럼을 실었다. 그 기자는 과거의 행적이 부끄러었는지 익명으로 기고했다. 다음의 고백 기사를 보면, 모든 것이 그 기자만의 잘못이라고는 보기 힘들긴 하다.

- 뮤추얼펀드 관련 기자들은 비밀스러운 투자 생활을 영위하고 있다. 하루는 '투자하지 않으면 후회할 펀드 탑 6'이란 기사에서 IT주 같이 위험한 분야의 주식을 선호하며 1주일 간 엄청난 수익을 봤다는 듯이 글을 쓴다. 하지만 뒤로는 몰래 적당한 인덱스펀드에 투자하고 있다.

나도 그런 기자들 중 한 명이었고, 온라인상으로 펀드 관련 기사를 매일 작성해야 했다. 당시 나는 펀드에 무지했다. 개인 투자 경험이라고는 대학교 때 증권사 직원의 권유로 S&P500지수 연동 인덱스펀드에 덜컥 가입해 큰 손실을 본 것 밖에 없었다. 처음에는 독자들에게 잘못된 정보를 제공하는 것이 두려웠지만, 개인 금융 기사를 계속 쓰면서 느낀것은 논리적일수록 기사가 내용이 사실이든 아니든 크게 상관없다는 것을 깨달았다. '투자 결정의 결과'와 관련된 내용을 만들어, 투자 지식 공식에 끼워 맞추어야 했다. 수익률에 따라 상품을 분류하고 IT주든 아니든 최근 트렌드를 가미하는 것이 추천 펀드 기사 작성 공식이다. 부담이 뒤따르거나 신규 매니저라는 내용은 몰래 생략해 버리는 센스도 있어야 한다.

가장 큰 문제점은 일주일을 투자해서 얻었든 3년이란 긴 세월을 투자해서 얻었든 상관없이 최근 수익률은 앞으로의 수익률과 관계없다는 것이다. 앞으로의 수익률을 예측할 수 있는 방법은 없다. 낮은 비용에 분산투자하는 펀드에 투자한 후, 단타의 유혹에 넘어가지 않는 것이 최선의 방법이다.

안타깝게도 현실적인 수익률 달성이 가능한 인덱스펀드 추천 기사는 잡지 판매량, 웹 사이트 방문자 수 와 같은 영향력에 아무런 도움이 되지 못 한다. 그렇기 때문에 이윤을 내야 하는 개인 금융 미디어는 '투자하지 않으면 후회할 최고의 펀드들' 이란 기사를 계속 출간해야 하는 것이다. −

신문방송계에 종사하고 있는 기자의 직접적인 증언이었다. 이 기자도 기사를 쓰면서 많은 것을 배웠을 것이다. 자신이 잘 나가는 펀드 기사를 작성했을 당시, 펀드에 대해 무지했다는 사실도 승인했다. 모두 다 그런 것은 아니지만 일반적으로 투자에 대한 기사를 다루는 기자들은 위의 글을 쓴 기자와 상황이 비슷하다. 이 기자는 스포츠, 사망기사, 생활문화부에 있다가 경제부로 옮겨 투자 관련 기사를 쓴지 1~2년도 안 되었을 것이다. 그러니 성공적인 투자에 대한 전문가적인 안목을 기를 시간이 없었을 뿐더러, 관심조차 가질 수 없는 것이다.

　결과적으로 기자들은 케이블 방송에 하루에도 수십 번 방영되는 경제TV에서 여기저기 옮겨 다니며 거래하는 것이 고수익을 얻는데 도움이 된다고 말하는 증권 분석가의 꾐에 넘어간다. 이 분석가들은 약삭빠르고 영리한데다 엄청난 보상을 받는 개인 영업자로, 마치 자신이 모든 것을 다 알고 있다는 듯이 말한다. 그렇기 때문에 신참내기 기자들은 분석가들이 던지는 미끼를 덥석 물고 다 안다는 듯이 지면을 통해 다시 떠들어 대는 것이다. 심지어 증권업계에 잠시 몸을 담았던 기자들도 상품 영업인의 마음가짐으로 투자 시장을 바라본다. 이들은 증권업계의 용어나 업무에 익숙하지만, 성공적인 투자에 대한 전문적인 지식은 없는 경우가 많다.

　약삭빠른 월가와 우둔한 신문방송계, 이 두 매개체가 미국의 자본 붕괴를 이끌고 있는 요소이다. 두 매개체는 상호보완적인 관계로, 신문방송계는 월가의 자극적인 정보를 간절히 기다리며 월가는 그들에게 전달해 줄 정보를 항시 준비하고 있다. 한편 불쌍한 개인 투자자들은 아이처럼 손가락을 빨며 투자 성공만 바라보며 분석가의 말을 곧이곧대로 귀담아 듣는다. 분석가들이 TV 뉴스쇼에 나와 자신이 잘못된 정보를 제공했다고 사죄하는 경우를 봤는가? 절대 그런 일은 없다. 책임지지 않아도 되기 때문에, 분석가들은 TV에 나와 말도 안 되는 궤변을 늘어놔도 별 신경 쓰지 않는다. 사실 더 획기적이고 비

현실적인 예측을 내놓는 분석가일수록, 케이블 TV에 출현하는 빈도가 더 높다. 이런 분석가들은 자극적인 내용에 굶주린 방송사의 1등 공신이다.

또 다른 자본 붕괴의 주범은 CNN, 폭스(Fox), MSN 등과 같은 경제 뉴스 웹 사이트다. 웹 사이트 뉴스는 담당자가 매일 수십 건의 뉴스를 올리기 때문에, 오후쯤 되면 오전에 썼던 기사들은 모두 묻혀 버리는 경우가 많다. 예를 들어, 오전에는 '유가가 폭등하니 주식을 매도하라!' 라고 했다가 잠시 뒤에 '유가 폭등에도 주가가 유지된 주로 큰 수익을 내자!' 로, 그리고 마지막으로 '유가의 큰 폭 변동으로 주식시장에 큰 영향' 으로 제목이 끊임없이 바뀐다.

앞서 언급했던 '포춘' 지의 예시처럼, 모든 기자들은(지면에서 뿐만 아니라 웹 사이트상에서도 인터넷 사용자들의 눈을 끌 수 있어야 한다) 자극적이고 흥미로운 내용의 기사를 작성해서, 변화가 빠른 인터넷상의 사용자들을 사로잡아야 한다는 압박을 받는다.

2003년 8월, CNN의 금융 부문 웹 사이트에 한 기사가 올라왔다. 그 기사의 제목은 '8월의 포성', 부제목은 '주식시장에서 발을 빼야 하는 이유가 속속들이 나타나' 로 네티즌을 한

번에 사로잡았다. 기사의 주요 내용은 예전부터 8월은 주식시장이 약세를 보이기 때문에 8월부터 10월까지는 투자자들이 투자를 꺼려한다는 것이었다.

여느 때와 마찬가지로 이번 여름에도 박스권 등락 모습 보이며 하락세를 보이다, 10월경 박스권을 벗어날 것으로 보인다. 지금까지 기록으로는 8, 9월 시장이 약세를 보였기 때문에 올해도 8월부터 투자에 빨간불이 켜질 것으로 보인다.

보유하고 있는 주식을 매도해야 하는 이유도 많지만, 더 이상 매수하면 안 되는 이유가 더욱 많다. 원래 시장에 있던 투자자들이 시장에서 빠져나가야 하는 정보를 얻어 빠져나갈 것이기 때문에, 계절적 효과를 볼 수 있는 좋은 기회라고 생각할지도 모른다.

즉, 바보 짓하지 말고 시장에서 발 빼라는 이야기다.
이 전제는 오랜 시간이 입증해 주었고, 업계를 잘 알고 있는 사람들도 동의하기 때문에, 기자로서는 이 전제가 매우 논리적이라고 생각할 것이다.

하지만 현실은 그렇지 않다. 좀 더 정확하게 말하자면, 어떤 시기에는 그러기도 하지만 또 어떤 시기는 그렇지 않다. 대부분 늦여름이나 초가을은 주식시장 투자에 어려움을 겪는 시기라는 점은 사실이다.

1957년부터 2006년까지 50여년을 돌아봤을 때, 8월부터 10월까지 3개월간 주식시장이 하락세를 보인 것은 총 29번이다. 하지만 나머지 21번은 상승세를 보였다. 기자가 믿고 싶은 것과는 달리, 항상 하락세는 아니었기 때문에 이번에도 하락세를 보일 것이라고 장담할 수 없다. 뿐만 아니라 여름 3개월간 빠져 나왔다가 언제 다시 투자에 뛰어들어야 하는지 타이밍을 맞추는 것도 어려운 문제다.

이 기자의 말을 곧이곧대로 믿고 그대로 실천한 투자자들은 원하는 성과를 얻지 못 했을 것이다. 위의 기사가 발행된 후, 2003년 말까지 S&P500지수는 13%나 상승하고 소형주의 러셀2000지수는 24% 상승했다. 기자의 조언을 따른 투자자들은 수익을 얻지 못 하고 기회비용을 톡톡히 치렀을 것이다.

시장의 변동이 심할 때, '활발한 거래가 좋다'는 속설이 신문방송계에 만연하게 퍼진다. 지난 1998년 여름, 외환위기가 시장을 엄습하면서 세계 주식시장은 며칠 사이 급격하게 하락했다. 이 하락은 아시아 및 러시아 내 여러 사건들이 원인으로, 지금 봤을 땐 별 문제가 아닌 사건들이었지만(내 생각이다) 당시는 시장을 '공포'로 몰아넣기 충분했다.

최악의 날에는 거래 1일 만에 S&P500지수가 7%나 하락했다. 이 날 생생한 업계 동향을 살펴보고자 하는 '월스트리트저널(Wall Street Journal)'지 기자에게 전화가 왔다. 이 기자는 연락 온 고객들에게 어떻게 대처했는지, 고객에게 시장이 혼란스러운 이 시기를 차분하게 인내하라고 설득하는지, 시장 폭락에 대응하여 어떤 움직임을 보일 것인지 등에 대해 물어봤다.

난 아무 대응도 하고 있지 않다고 대답했다. 고객 문의전화도 없었고 혼란스러워 하는 고객도 없었다. 적어도 우리 회사에서는 말이다.

너무 조용해서, 평화롭게 귀뚜라미 소리나 들을 정도였다.

그 기자는 내 대답에 만족하지 못 했는지, 정말 고객 문의전화가 한 통도 없었냐고 되물었다. 내가 거짓말을 한다고 생각한 것처럼 그의 목소리에는 의심이 가득했다.

나는 정직하게 전혀 없었다고 대답하며, 우리는 고객들에게 시장 투자의 진실을 알려 드렸을 뿐이라고 말했다(단기간에는 주식시장이 요동치기 마련이지만, 장기간으로 봤을 때 주식은 오른다는 진실 말이다). 우리 회사는 시장이 호황이든 불황이든 상관없이 이익을 얻을 수 있는 전략으로 투자에 임하기 때문에, 이런 폭락 사태가 발생하더라도 고객들은 전혀 불안해하지 않고 문의

전화도 한 통 없는 것이다.

이렇게 말하자 기자는 뉴욕 기자 특유의 억지 억양으로 고맙다고 말하고 전화를 끊었다. 아마 내 이름 옆에 '앞으로 절대 전화하지 말 것' 이라고 적었을 것이다. 그들이 원하는 답을 제공하지 않는 나는 기자들에게 쓸모없는 사람이 된 것이다.(10여 년이 지난 지금까지 연락이 없는 걸보니 내 추측이 맞는 것 같다)

다음날, 신문을 펼쳐보니 기자가 왜 내 말에 발끈했는지 이유를 알 것 같았다. 기사에는 모든 중개인과 금융업자들이 이날 하루가 악몽 같았으며, 고객들의 자산을 시장에서 빼내 '다른 곳' 으로 옮겨 놓기 바빴다는 인터뷰로 가득했다. 기사의 주요 내용은 '경제 혼란이 있을 때는 빨리 움직여야 한다' 였다. 빨강머리 앤처럼 모든 것이 잘 돌아가고 있다고 말하는 나 같은 낙천주의 자문가의 말은 한 줄도 찾아볼 수 없었다.

그 기자에게 찾아가 당시 내 주장이 옳았다는 것을 세월이 입증해 주지 않았느냐고 소리쳐도 별 관심을 갖지 않을 것이다. 그는 예전에도 성공적인 투자가 아닌 흥미진지한 투자 방법에 대한 기사를 쓰고자 했으니, 지금도 똑같을 것이다. 흥미진지한 투자방법에 대한 기사를 쓴다고 해서 도덕적 양심이 불량한 것은 아니지만, 그 기사를 읽는 많은 투자자들이 수많

은 거래가 성공적인 투자의 전부라고 잘못된 결론을 지을 수
있다는 것이 문제다. 사실 수많은 거래는 성공적인 투자의 전
부이기는커녕, 말도 안 되는 속임수이며 장기 투자 성공에는
아무런 도움이 되지 않는다.

물론 기자의 법칙에서 벗어난 기자들도 있다. '댈러스모닝
뉴스(the Dallas Morning News)'지의 스콧 번즈(Scott Burns), '월
스트리트저널 '지의 제이슨 츠웨이그(Jason Zweig)와 브렛 아렌
즈(Brett Arends), '블룸버그 닷컴(Bloomberg.com) '의 존 와식
(John Wasik), '머니 매거진(Money Magazine)'지의 월터 업디그
레이브(Walter Updegrave), 이들 기자 5명은 투자 성공의 원리
를 잘 파악하고 있으며 월가의 소문을 회의적인 시각으로 바
라본다. 이 다섯 기자들의 기사는 가히 추천할 만하다.

이처럼 예외적인 기자들도 있겠지만, 그래봤자 극소수기
때문에 이번 장에서 제시하고자 한 주제를 명심해야 한다.
미디어의 투자 정보는 곧이곧대로 믿으면 절대 안 된다.

현실

미디어는 독자나 시청자에게 건전한 투자 정보를 전달하기 위해 존재하는 것이 아니다(전달할 의무도 없다). 미디어는 이윤을 추구하는 사업 단체로, 독자, 시청자, 웹 사이트 방문자 등에게 기사를 제공함으로써 이윤을 얻는다. 많은 이윤을 얻으려면 자극적인 내용이 필요한데, 신중한 투자 원칙은 전혀 자극적이지 않다. 월가는 현재 시장 환경을 보고 투자자들에게 공포나 욕심 등을 끌어내 투자자들의 심리를 동요시킬 수 있는 자극적인 내용을 미디어에 제공한다. 그렇게 함으로써 개인 투자자들이 끊임없이 매매를 하도록 부추기는 것이다.

해결책

바다 같이 드넓은 미디어 세상에는 투자자에게 썩은 동아줄과 같은 정보를 제공하는 기자들로 넘쳐나지만, 이 책에서 피력했던 올바른 투자 방법을 계속해서 강조하는 올바른 자문가도 몇몇 있다(이들은 전자에 비해 다소 인기가 없긴 하다). 이 올바른 자문가에게 건전한 투자법을 구하고, 말만 많은 빈 수레들의 썩은 동아줄은 내팽겨 쳐라.

CHAPTER 7

7

대형 회사 한 곳에만 투자하면 된다?

'내 주식을 팔 생각이 전혀 없었다. 승리마를 버릴 이유가 없지 않은가? 하지만 믿었던 승리마가 날 배신했다.'
- 퇴직금을 100% 회사 주식으로 받은 63세, 전 엔론 직원

나는 우리 할아버지의 투자 자산 구성을 기억한다.

그 당시 애틀랜타의 전형적인 투자자들의 투자 구성으로, 트러스트 컴퍼니 오브 조지아(Trus Company of Geogia-지금은 선트러스트 뱅크스로 변경), 코카콜라(CocaCola), 델타(Delta), 제뉴인 파츠(Genuine Part) 4개 주로 이루어져 있었다.

50년대 호황기 때, 이 주식들로 꽤나 많은 자산을 모으셨다. 할아버지는 교회나 모임을 통해 4개사 중역들과 알게 되어, 그들이 무엇을 어떻게 이끌어나가는지 사업 상황을 자세히 꿰뚫고 있었기 때문에 투자한 회사를 이해하고 믿었다. 할아버지의 믿음이 강했던 덕분에, 불황기 때도 4개사 주를 팔지 않았고 높은 수익을 얻을 수 있었다.

세계 대공황부터 1987년 시장 붕괴까지 바람 잘 날이 없었던 20세기 중반은 투자하기에 더 없이 완벽한 시기였다. 오늘날 보다 정보 이동이 느리고, 거래량도 적당했기 때문에 투자자들이 편안한 마음으로 자신이 소유한 주식을 관리할 수 있었다. 자신이 주식을 소유하고 있는 회사가 망해 버릴까 걱정되면, 최고 경영자와 골프를 치면서 그가 술을 마시며 지내고 있는지 스위스에 비밀 계좌를 만들었는지 등을 알아보면, 닥쳐올 비극을 어떻게든 막을 수 있었다. 조금이라도 이상한 낌새가 보이면 그 돈을 옛 방식대로 다시 거두어 들여 마음에 드는 다른 회사에 투자하면 끝이었다.

당시 자신의 행동만 잘 제어하고, 몇몇 좋은 회사 주식을 사서 기다리기만 하면 큰 하락 없이 엄청난 부를 얻을 수 있었다. 최고 단기 채권 같은 종목에 투자하면 그럴 수 있었다.
하지만 좋은 시절은 이미 지나갔다.

　　1987년 10월 19일 월요일, 뉴욕 주식 시장의 대폭락 이후로 투자자들이 간단하고 손쉽게 투자하는 시기가 막을 내렸다. 그 날, S&P500 주식 지수는 거래 1일 만에 22%가 하락했다. 많은 투자자들이 투자 금액의 절반 이상을 날렸다. 더 큰 문제는 미친 듯한 매도세를 돌릴 수 있는 방법이 없다는 것이었다. 그 날 사건은 해외 시장의 매도로 시작되어, 일정 금액까지 주가가 하락하면 자동적으로 대량 매도되도록 걸어놓는 프로그램을 사용하던 미 증권사 투자자들의 주식이 매도되면서 상황이 악화되었다. 이 매매 프로그램이 발동함에 따라, 다른 매매 프로그램도 덩달아 움직이면서 세계 자본 시장은 순식간에 매도의 늪에 빠졌다.

　　S&P500지수는 2년도 채 안되어 원위치를 찾았지만, 암흑의 월요일(Black Monday)은 투자자에게 경종을 울린 사건으로 남게 되었다. 기술이 발전하여 새 시대가 열리면서 두려움과 부에 대한 욕망이라는 두 가지 투자 심리가 동시에 나타나 전에 없이 주식시장이 하루하루 활발하게 돌아가고 있다.판도라의 상자가 열린 것이다. 컴퓨터 매매가 가능하고 정보가 빠르게 이동함에 따라 매일 엄청난 양의 주식매매가 가능해졌다.

　　그 후 10년간, 공개회사의 사업 환경은 경쟁사회에서 약육

강식사회로 급변했다. 증권사 직원이나 주식 보유자들은 다른 것보다 주가를 올리기 위해 혈안이 되었으며, 그로 인해 주가에는 크게 신경 쓰지 않는 회사나 경영진에 대한 참을성이 없어졌다. 투자자들은 회사 CEO를 NFL풋볼 코치처럼 주가를 올리는 사람으로 여기며 수익을 창출하지 못하면 그대로 버림받게 되었다.

현대의 세계 경제 속에서 옛 추억이나 믿음은 사라진지 오래다. 실적을 달성하지 못한 회사 주식은 순식간에 심각한 주가 하락세를 맞고, 어떤 장기적인 문제점이 조금이라도 시사되면 투자자들이 순식간에 빠져나가 주가가 절반으로 떨어지는 세상이 되었다.

즉, 오늘날의 증권 시장 환경에서 운영되고 있는 공개회사는 수익 창출뿐만 아니라 생존을 위해 최선을 다 해야 한다. 우리 할아버지가 최후의 보루로 삼았던 떠오르는 최고의 블루칩 소형주도 예외 없이 생존을 목표로 운영할 수밖에 없게 되었다.

생생한 예시를 하나 들어보자. 2000년 3월 7일, 소비재 대형회사 P&G는 실적이 기대치보다 못 미칠 것 같다고 발표했다. 그날 오후, 세계적 기업인 P&G의 주식은 하루만에 88달러에서 55달러로 40%의 대폭 하락세를 보였다. 6주 만에 주가가 55%나 하락했으니 더 볼 필요도 없지 않은가?

P&G의 시련은 얼마 가지 않았고, 최근 주가를 멋지게 회복하였다. 하지만 P&G 주식을 대량으로 보유한 실버 투자자들에게는 이 시기가 너무나도 길게 느껴졌을 것이다. 세계적으로 유명한 대형회사에 고심해서 퇴직금으로 이 주식에 500,000달러를 투자했는데 하루 만에 그 돈이 300,000달러로 줄었다고 생각해 보라. 이는 개인 주식 투자자에게는 빈번하게 일어나는 일로, 이런 일을 당한 투자자들은 새벽 3시에 땀에 흠뻑 젖은 채로 깨어나, 번뜩 다음과 같은 걱정을 한다.

화요일에 발표되는 IBM의 실적은 좋을까?

좀 지나치다고 생각할지 모르겠지만, 전 자산을 IBM 주식에 투자했다면 당연한 이야기다. 투자자들은 진화하는 시장에 발을 맞출 수밖에 없다. 우리 할아버지나 당시 투자자들은 소유한 주식에 엄청난 관심을 기울이며 증권시세표시기를 지켜보고 실적을 찾아보며, 시장에 예상치 못한 악재가 발생했을 때도 위험을 감내하고 쉽게 움직이지 않았다. 당시에는 오늘날의 투자자들이 주식을 보며 가지는 공포심을 느끼지 못 했다. 현대 투자자들은 자신이 주식을 보유한 회사에 분식회계,

실적 재조정, 생산물배상책임 소송 등 단기간 주가 하락을 야기할 수 있는 사건이 터질까 노심초사한다. 주식시장 변동폭이 커지면서, 30~40년 전보다 수익률이 좋은 투자자와 나쁜 투자자 사이의 편차가 커졌다. 결국 대형주나 블루칩 주에 투자해도 엄청난 손실을 볼 수 있는 가능성이 과거보다 훨씬 더 많아진 것이다.

수십 년간 낮은 비용의 주식을 대량으로 소유해온 사람들은 이런 현실을 납득하기 힘들어 한다. 이런 투자자에게 한 곳에 몰아 투자한 주식을 정리하고 세금도 지불하는 것이 좋다는 주식의 지혜를 이해시키기 여간 힘든 것이 아니다. 베이비 붐 세대 투자자들은 부모들이 수십 년간 블루칩을 의무적으로 팔지 않고 계속 보유하여 손쉽게 이득을 봤던 과거를 기억하기 때문에 현재 주식의 지혜를 취하면 죄를 짓는 것 같다고 생각한다. 이 주식을 매도하고 세금을 내는 것은 가치만큼의 돈을 받지 못하고 보석을 버리는 듯한 기분이 든다는 것이다.

1990년대 애틀랜타 주 투자 자문가인 나는 거의 매일 코카콜라 주식을 대량으로 보유하고 있는 투자자들을 설득하느라 고군분투했다. 애틀랜타 주 사전에서 '성물'을 찾으면 코카콜라 병 그림이 나와 있을 것이다. 코카콜라가 애틀랜타를 살리고 주의 존재감을 살렸으니 말이다. 뿐만 아니라 코카콜라는 많은 이에게 부를 제공했다. 전 세계적으로 잘 알려진 브랜드인 코카콜라이니, 코카콜라가 처음 만들어진 애틀랜타는 어떻겠는가? 코카콜라가 애틀랜타 주민의 혈관 속에 흐르고 있다는 말도 있다. 이런 애틀랜타 주에서 주민이 콜라를 달라고 했을 때, 펩시를 준다면 어떻게 될까? 이런 행위는 주민에게 한 판 해보자는 결투 신청과 같다.

1980~1990년, 코카콜라는 전성기를 누리고 있었고 코카콜라 주는 수익률이 가장 큰 세계적인 블루칩 주였다. 슈퍼스타 CEO인 당시 코카콜라 CEO, 로베르토 고이수에타(Roberto Goizueta)는 시장에 어떠한 악재가 있어도 절대 흔들리지 않는 영원할 것만 같던 코카콜라의 번창을 이끌었다. 1997년까지 로베르토는 역사상 어떤 CEO도 달성하지 못한 엄청난 부를 투자자들에게 안겨 주었다. 주식 수익이 무려 총 7100%였다. 즉 코카콜라가 작은 회사였던 1981년, 100,000달러로 코카콜라 주식을 샀으면 1997년에 재투자 배당을 합해 약 7,100,000달러를 득할 수 있었다.

그러니 내가 사람들에게 아무리 코카콜라 일지라도 한 곳에만 투자하는 것은 위험하며, 세금 금액도 생각하여 분산투자해야 한다고 말하면 반응이 어떻겠는가? 한 곳에 투자한 사람에게 있을지 없을지도 모를 위험 때문에 분산투자해야 한다고 말하면 말도 안 된다고 할 것이다. 이런 제안을 할 때마다 전신 방탄복을 입고 만남에 임해야겠다는 생각을 종종 한다. 내가 제안을 했을 때, 대부분의 투자자들은 징그러운 것을 본 듯한 표정을 지었다.

'분산투자? 아버지의 코카콜라 주식을? 이 사람 미쳤나?' 란 생각을 했을 것이다.

말도 안 되는 소리라고 생각되었을 수도 있다. 하지만 1997년 9월 세계 최고의 CEO란 칭호를 가진 로베르토가 폐암 말기 판정을 받고 6주 후에 사망하면서, 애틀랜타 시내 노스 애비뉴에 위치한 코카콜라 최상층 CEO 자리는 공석이 되었다. 설립 이래 100여 년간 4명의 CEO 밖에 두지 않았던 코카콜라는 그 후 10년간 3명의 CEO를 거쳐 갔다. 그와 동시에 제품 안전성, 제품 개발, 병 제조업체와의 관계 등, 회사의 발목을 잡는 여러 문제가 발생했다. 문제라고는 모르고 영원히 앞으로만 나아갈 것 같던 코카콜라가 뒷걸음질을 치게 된 것이다.

그 후 1998년 1월 1일부터 2005년 12월 31일까지 7년간, 코카콜라 주가는 총 31% 하락했지만 동시기에 S&P500지수는 45%가 상승했다.

수십만 달러의 코카콜라 주식을 보유하고 있던 투자자들은 아주 큰 타격을 입진 않았겠지만, 이 손실이 달갑지 않았을 것이다. 하지만 세제 후 주식 자산을 물려받았거나, 부모의 당시 엄청났던 주식을 분할 유산으로 받은 경우, 손실이 절망적이었을 것이다. 1998년 우리 회사를 찾아와 코카콜라 주가가 80달러 선을 되찾으면 코카콜라 주식을 처분할 계획을 갖고 있던 상담 신청자가 생각난다. 그는 10여 년이 지난 지금도 코카콜라 주식을 처분하지 못하고 여전히 보유하고 있을 것이다. 그러나 전 재산을 몽땅 날려 버린 델타 항공(Delta Air Lines) 투자자들에 비하면, 코카콜라 투자자들은 행복한 것이다. 다른 많은 항공사과 마찬가지로 델타 항공 역시 2006년 불황에 파산 신청을 하면서, 자사 주식을 휴지조각으로 만들었다. 델타 항공 투자자들은 2000년으로 돌아가 델타 항공의 모든 주식을 팔고 20%의 양도소득세를 지불한 뒤, 분산투자하는 것이 소원일 것이다.

석유 값이 배럴당 25달러로 치솟고 테러와 같은 상황은 다른 나라에서나 일어나는 일이었던 불과 10여 년 전에만 하더라도 델타 항공이 무너질 것이라는 생각을 전혀 할 수 없었다. 거의 무적처럼 보이던 이 회사가 시장에서 급격하게 바닥으로 곤두박질을 치게 될 줄 누가 알았겠는가?

물론 6장에서도 언급했듯, 미디어는 절대 예상치 못 했다. 투자에 관해서 미디어는 과거 실적을 돌아보기 바쁘다. 기자들은 계속해서 투자자들을 낚을 이야기를 찾고, 당시 제일 잘 나가는 회사에 대한 투자 방법을 손쉽게 기사로 쓴다.

미 전역 수천 명의 고위 경영자 투표로 선정된 '포춘' 지의 '오늘날의 최고 기업' 연간 순위(회사 홍보용이기도 하다)를 생각해 보자. 이 순위의 의견에 대해서는 별 불만이 없지만, 최고의 기업이라고 여기는 기업의 순위가 흥미롭긴 하다. 항상 그렇지만 문제점은 기자들이 기업의 과거 성공과 투자 추천을 연결한다는 점이다.

예를 들어, 10년 전인 1998년, '포춘' 지의 '오늘날의 최고 기업' 순위는 다음과 같다.

1. 제너럴 일렉트릭(General Electric)

2. 코카콜라(CocaCola)

3. 마이크로소프트(Microsoft)

4. 인텔(Intel)

5. 휴렛팩커드(Hewlett Packard)

6. 사우스웨스트 항공(Southwest Airlines)

7. 버크셔 해서웨이(Berkshire Hathaway)

8. 디즈니(Disney)

9. 존슨앤드존슨(Johnson & Johnson)

10. 머크(Merck)

이 목록과 더불어 '포춘(Fortune)'지에 함께 실린 경고문도 읽어 보자.

–투자 자문가들이 추천하는 회사 주식은 절대 투자하지 말아라!

하지만 추천하는 회사가 '오늘날의 미국 최고 기업' 10위 안에 드는 회사라면 추천을 무시해서는 안 된다.

이 10개 회사에 투자하는 안목이 있었더라면...철저한 분산 투자를 했다면...교통, 금융, 소비재, 자본재, 건강, IT, 연예 등, 모든 분야 주식을 갖고 있었다면...음료수와 신발, 시트콤과 스프레드시트, 영화, 의약품과 마이크로칩, 하드웨어와 비누, 사탕과 치실을 만드는 이 회사들의 주식을 보유했었다면... '미국 최고 기업' 10위 안에 든 회사들은 경제 그 자체와 상당 부분 닮았다. 미국 내 다른 기업을 제치고 상위에 우뚝 섰으니, 이들의 실적 또한 다른 기업보다 훨씬 더 우수하다.

10년 전 S&P500에 10,000달러를 투자하고 배당금을 재투자했으면 연간 약 17.92%의 수익률을 얻어 지금은 총 51,964달러가 되었을 것이다. 하지만 1,000달러를 매년 '오늘날의 미국 최고 기업'에 투자했으면, 3배 더 많은 146,419달러를 벌 수 있었을 것이다.–

혹시 궁금해 하는 독자분이 있을까 하는 이야기지만,

1998년 봄에 출간된 '오늘날의 미국 최고 기업'의 자산 수
익률은 30.87%였다. 이런 어마어마한 수익률과 당대 최고의
기업에 투자한다는 뿌듯한 기분을 누리면서 2년 6개월마다 투
자금이 2배로 늘어나는 걸 보고 싶은 유혹을 쉽게 떨칠 수 있
는 사람이 있을까?

하지만 현실은 쉽지 않다.

다음 10년간 10위 안에 뽑혔던 기업의 연간 수익률을 살펴
보자!

(1998년 5월~2008년 5월, 배당금 재투자).

1. 존슨앤드존스	8.72%
2. 휴렛팩커드	8.08%
3. 버크셔 해서웨이	6.71%
4. 사우스웨스트 항공	5.27%
5. 마이크로소프트	4.65%
6. 인텔	3.52%
7. 제너럴 일렉트릭	3.26%
8. 디즈니	-0.08%
9. 머크	-0.67%
10. 코카콜라	-1.25%

　　10개 기업 중 3개 기업의 연간 수익률은 마이너스를 기록했고, 2개는 시장에서 평균적으로 얻을 수 있을 만큼의 수익만 냈다. 주식시장에서 장기간 최고 수익률과 동일한 수익률을 낸 기업은 존슨앤드존슨과 휴렛팩커드 단 2개뿐이었다.

　　다시 계산해 보면 10개 기업의 평균 수익률은 기사에서 말한 것처럼 두 자리 수가 아니라 겨우 4.31%에 불과했다.

　　이 기사를 쓴 기자는 10개 기업에 투자하면 완전한 '분산투자'가 이루어지는 것이라고 역설했다. 이 10개 기업에서 다양한 물건을 제조하기 때문에 이들에 나누어 투자하면 최고의 분산투자가 된다는 논리다. 하지만 기자는 '분산투자'에 대한 이해가 상당히 부족한 듯하다. 아무리 다양한 제품을 만든다고 하더라도 10개 기업의 주식만 보유하는 것은 충분한 분산투자가 아니다. 주식 시장과 전혀 관계성이 없는 개인 회사들은 회사의 운명과 관련된 위험 요소가 굉장히 많기 때문이다.

　　예를 들어 위의 탑 10 기업 중 최저 수익을 낸 3개 기업은 생각지도 못한 시기에 슈퍼스타 CEO를 잃었고(코카콜라의 로베르토 고이수에타), 제품 실패와 제조물책임 소송이 물밀 듯 들이닥치고(머크), 마법의 지팡이를 잃은 CEO가 주주들의 성화에 이기지 못하고 회사에서 쫓겨났다[디즈니의 마이클 아이즈너(Michal Eisner)].

이 3가지 기업의 사건들은 주식시장과는 전혀 연관 없는 것이었으나, 주식을 보유한 투자자는 어쩔 수 없이 손실을 볼 수밖에 없었다.

그러므로 지금까지의 기업 실적, CEO가 '포브스(Forbes)' 표지를 장식한 횟수, 어떤 기업의 주식 수익이 엄청나다는 주변 사람의 추천 등, 이 모든 것은 앞으로의 수익에 전혀 도움이 되지 않는다. 잘못된 운명의 길을 택해서 발생할 수도 있었던 재난은 아무런 상관이 없다.

즉, 실적 상승세가 아닌 하강세를 눈여겨봐야 한다.

월드컴, 델타, 펫닷컴 등과 같은 무수한 회사의 주식을 가졌던 투자자들은 시간이 흘러도 안 되는 일이 있다는 사실을 몸소 배웠을 것이다.

매수한 후 매도하지 않고 계속 보유해서 큰 손해를 봤던 과거의 아픔을 바로 잊고 또 다시 매수하고 보유하는 투자자들도 종종 볼 수 있다.

이런 병은 손쉽게 고칠 수 있다는 것이 그나마 다행이다. 분산투자를 적절히 잘 해놓은 투자자들은 전 세계 수천 개 유가증권과 연관이 되기 때문에 개개 주의 운명에 혈안이 되지 않아도 된다.

주식 투자는 좋지만, 한 종목에만 집중 투자하는 것은 좋지 않다는 점이 진화해가는 오늘날 주식시장의 주요 특징이다.

대형 회사 한 곳에 투자하면 된다.

현실

20세기 전반적으로, 몇몇 좋은 기업 주식에 돈을 투자하고 그대로 묵혀 두는 것이 완벽한 투자 방식이었다. 하지만 오늘날 주식시장과 같이 개개 주식의 변동이 심한 투자 환경에서는 우량 기업도 예측하지 못한 갑작스러운 문제가 발생하여 몇 주 만에 투자자들의 돈을 반토막내는 일이 비일비재하게 생긴다.

해결책

개별 기업 주식을 보유해서 발생하는 위험을 분산시키도록 하라. 오늘날 주식시장에서는 상승세가 아닌 하강세에 중점을 두고 지켜봐야 한다. 몇몇 주식에만 집중 투자하면 순식간에 투자금의 절반을 잃거나 그 이상의 손실을 볼 수도 있다.

CHAPTER 8

투자는 아찔하다??

'인생에 지루한 2가지를 뽑는다면 건강관리와 주식관리
다.'

– 미상

기대를 져 버려 미안하지만, 투자는 지루하다.

적어도 성공적인 투자는 지루하다. 하지만 실패하는 투자
는 블랙잭에서 패를 나누는 것 마냥 아찔하다. 딜러(시장)가 성
공일지 실패일지 알려 줄 결정적인 카드를 나누어줄 때, 손바
닥에 땀이 나고 가슴은 미친 듯이 뛰며 숨도 쉴 수 없을 만큼
아찔한 긴장감을 맛볼 수 있다.

대부분의 투자자들은 투기와 투자의 차이점을 이해하지 못해 투자에 난항을 겪는다. 짧은 기간에 한 몫 벌자고 위험도 마다하지 않고 공격적인 투자를 감행하는 것은 투기에 가깝다.

사실 투기 심리는 그보다 좀 더 대담하고 교묘하다. 손에 꼽을 수 있는 정도로 몇 안 되는 기업의 주식에 집중 투자하는 것은, 그 기업에 운명을 맡기는 투기라고 할 수 있다.

7장에서 언급했듯, 주식시장의 성공과 소수 기업 투자 성공은 관계가 거의 없기 때문에, 소수 기업 투자는 그 기업에 베팅하는 것이다. 이와 마찬가지로, 의료, 자원 등 한 분야에 집중 투자하는 것은 그 분야에 투기하는 것이고 주식시장의 흐름과 전혀 상관없다.

투기해서 고수익을 얻는 경우도 종종 있다. 이웃 사람이 공공 무역을 하는 작은 회사를 운영하는데, 그 사람이 앞으로 회사에서 좋은 일이 생길 거라고 다른 사람 몰래 귀띔해 주었다고 하자.(비공개된 계획이다) 그 말을 듣고 10,000달러를 모아 그 회사 주식을 샀더니, 6개월 뒤에 '짜잔~' 하고 2배가 되었을 수도 있다. 하지만 드넓은 주식시장에서 그런 정보를 얻는 것은 하늘의 별따기일 뿐이다.

충동적인 도박꾼처럼 투자자가 주식으로 한탕 크게 벌게 되면, 그 맛에 길들여져 충동적인 투자를 제어할 수 없게 된다. 탄력을 받아 더 많이 투자했으면 더 많이 벌었을 것이라는 생각이 들기 시작한다.

4월 소득세로 준비해 둔 50,000달러를 세금 납기일이 될 때쯤이면 훨씬 더 많은 돈이 되어있을 거란 생각을 하며 비밀 주식에 추가적으로 투자한다. 그러나 회사 실적 예상이 빗나가고 한 달 만에 주가가 50% 하락한다. 초반에 100% 이득을 봤다고 해도 추가적으로 투자해서 50%손실을 봤으니 적자가 난 것이다. 그리고 몇 주 후, 국세청에서 세금을 납부하라는 독촉 전화를 받는다.

이는 꾸며낸 허무맹랑한 이야기가 아닌, 내 대학 동기의 실화다. 친구는 투자와 투기를 혼동하면 큰일 난다는 사실을 큰 대가를 치른 후에나 배웠다.

'난 그러지 않을 거야' 라고 생각할지도 모르겠다. 세금 납부하려고 모아둔 돈을 위험한 주식에 투자할 만큼 용감한 사람은 몇 되지 않는다. 반면 비용이 90달러나 들고 시장 가치가 10센트도 되지 않는 IT주에 투자해 우울한 대차대조표를 들고 와서 자신의 투자 현황을 분석해달라는 사람은 많다. 시장이

활성화되면 투자자들은 아찔함을 느끼며 그 아찔함의 결과는
순식간에 나타난다.

'투자는 아찔하다' 는 마음가짐은 엄청난 액수의 변동을 일
으킬 수 있다. 주가 변동에 대해 다음 사항을 반드시 기억해야
한다.

-주가변동은 나쁜 징조다!-

주식 투자자들은 어느 정도 금액은 변동을 겪어야 하지만,
투자는 재미있고 아찔하다는 생각으로 불필요한 주가 변동의
위험을 떠안는 경우가 있다. 투기성이 짙고 감정적으로 결정
한 이 투자는 실패하기 십상이다.

이런 투기성 투자는 손실의 전형적인 성질에 대해 제대로
이해하지 못하거나 인지하지 못해서 발생한다.

예를 들어보자!
1달러를 투자해서 50% 손실을 보고 50센트만 건졌다. 이
50센트로 다시 투자해서 50%의 수익을 내면 너무나 고마운
25센트를 벌어 총 75센트가 된다. 결국 초반에 잃은 50%를

되찾기 위해서는 100%의 수익을 내야하는 것이다.

주가 변동의 신랄한 영향에 대한 생생한 예시가 있다. 2006년 12월 31일까지 4년간, 나스닥 지수의 누적 수익률은 75%를 자랑하고 있었다. 이 엄청난 수익에도 불구하고 나스닥은 2000년 3월부터 2002년 10월까지의 기간 동안 거의 80%의 지수 하락의 영향으로 2006년 12월 31일까지 7년간 40%의 하락을 면치 못 하고 있었다. 2000년 IT주를 샀던 투자자들은 손실을 되찾기 위해 엄청난 세월을 보내고 있는 것이다.

손실률	손익분기점에 필요한 수익률손실	회복에 걸리는 연수
10%	11%	1.10
30%	42%	3.74
50%	100%	7.27
70%	233%	12.63
90%	900%	24.15

* 연간 10%의 일정 수익이라는 가정 하임.

지나친 주가 변동의 위험은 당연한 것처럼 생각되지만, 많은 투자자들이 이런 위험을 피하고 있다.

앞에서 본 도표는 손실 정도에 따라 손실을 충당할 수 있는 수익률과 앞으로 계속 10%의 일정한 수익률을 낼 때 손실을 메울 때까지 걸리는 연수를 계산한 것이다.

투자자들은 자신의 자산 변동을 줄이는데 별 관심이 없는 경우가 많다. 이들은 수년 간 주가 변동이 얼마나 많을지에 대한 걱정 없이 그저 투자하고 본다. 그리고는 2000년~2002년의 기간처럼 갑작스레 찾아온 하향세로 엄청난 손실을 입게 되는 경우가 발생하는 것이다.

2000년~2002년의 기간은 많은 투자자에게 끔찍한 상처의 나날로 남았다. 그 기간 동안 증권사에 자신의 자산을 맡기고, 그 증권사 직원이 자신의 자산을 이미 수익률이 오를 때로 오른 종목에 몽땅 넣어놓았다는 것을 너무 늦게 알아버린 많은 투자자들을 만날 수 있었다. 수익률이 가득 찬 종목들이 붕괴되자 투자자들의 자산도 함께 붕괴되었다.

장기간의 시장 침체가 시작될 무렵인 2000년 3월에서 2001년 9월 사이, 30% 이상의 손실을 본 다수의 투자자들을 만날 수 있었다.

앞서 배웠듯, 탄탄한 분산투자를 하고 있으면 '매수 후 보유' 정신을 발휘해야 한다. 하지만 손실을 본 투자자들은 '분산투자'를 한 것이 아니라, 주식, 펀드, 연금 등, 증권사가 지난 수년간 팔아온 한 상품에 집중 투자했다. 이런 투자자들에게 더 깊은 늪에 빠져들기 전에 보유한 상품을 당장 환매하고 신중한 전략을 짜라고 설득했다. 우리 회사 고객이든 다른 회사 고객이든 상관없이, 뒤죽박죽 투자에서 빠져나와 튼튼한 전략을 짜서 투자하라고 충고했다.

많은 고객들이 내 말을 경청했지만, 30% 손실이란 '망령'에 사로잡혀 내 충고를 귓등으로 듣는 사람들도 있었다. 그리고 911테러, 탄저병, 아프가니스탄 공격, 월드 컴 파산, 테러 경보, 이라크 전쟁 등, 다양한 사건이 발생했다. 2001년 중반부터 2003년 초반까지 시장에는 불안감과 두려움이 난무했다. 성장 중심 상품을 환매하지 않고 계속 보유하고 있던 불행한 투자자들의 손실은 50~70%에 육박했고, 30%의 손실을 봤을 때 원금을 되찾는 것보다 3배에서 많게는 5배 더 많은 수익률을 내야만 했다. 퇴직금이나 대출로 투자한 사람들은 더 긴박한 심정으로, 자본금을 무리해서 끌어냈기 때문에 더 많은 수익을 올려야 원금을 되찾을 수 있는 상황이 되었다.

이렇게 죽음의 소용돌이가 시작된다. 큰 손실을 입게 되면, 원금을 되찾기 위해 더 공격적인 투자가 필요하다. 하지만 그러면 그럴수록 더 많은 돈을 잃게 되고 또 더욱 더 공격적인 투자를 해야 한다. 이런 식으로 가다 결국 자산의 1/10만 남고, 이 얼마 되지 않는 금액을 인출기에 소중한 듯이 넣으며, 어쩌다 순식간에 이런 상황까지 오게 되었는지 한탄한다. 충동적인 도박 이야기의 결말과 비슷하지 않은가?

대부분의 투자자들은 자신이 한 일에 대해 이해하지 못하거나 상품 영업 사원의 말을 곧이곧대로 믿고 따라서 이런 도박과 같은 투자를 했는지 눈치 채지 못한다는 것이 투기와 다르다. 절대 가상의 이야기가 아니라, 수천 명의 투자자들의 실화이며 이들은 아직도 일반적인 생활을 되찾지 못 하고 있다.

반면 진정한 투자자의 길을 걷는 사람들도 있다. 일본 사무라이처럼 진정한 투자자는 목표에 중점을 두고 눈앞에 피할 수 없는 역경과 유혹을 이겨낸다. 진정한 투자자는 인내와 결단력을 가지고 장기간 기다리면 시장이 기적과 같은 수익을 가져다 줄 것이라 사실을 알고 있다.

진정한 투자자는 장기간 보유 뒤에 채권이나 현물보유 보다 더 높은 수익을 가져다주는 주식시장에 몸을 담으면서 불필요한 위험은 혐오한다. 진정한 투자자(혹은 자문가)는 불필요한 위험을 감내하는 대신, 투자자가 기대만큼의 수익률을 얻을 수 있고 시장이 좋을 때나 나쁠 때나 변함없이 투자할 수 있는 효율적인 방식의 분산투자 계획을 세운다.

그럼 아무 것도 하지 말라는 건가?
한 전략에 맞추어 돈을 투자하고 아무생각없이 30년간
잊고 살라는 건가?

그렇지 않다!
투자를 집에 비유해 보자. 아이가 생기면 더 큰 집이 필요하다. 아이들이 크고 활동량이 많아지면 집을 리모델링해야 한다. 어머니가 함께 살자고 하면, 홈시어터도 만들어야 할 것이다.(혼자만의 공간이 필요할 것 아닌가?)

어떤 일이 있어도 집을 철거하지는 않을 것이고, 무시무시한 폭풍이 몰려와도 더 안전한 곳을 찾아 집을 버리고 도망가지 않을 것이다. 집이 가장 안전한 곳이니 말이다. 기반이 잘 잡혀 있고 그 안전성도 시간이 입증해 주지 않았는가?(판잣집에 살고 있다면 더 안전한 곳을 찾아 도망갈 수도 있겠다) 이는 오늘날의 투자 방식과 유사하다. 유지하고 가끔 손질하며 붕괴되지 않게 탄탄하게 만들어 자신이 원하는 것을 얻을 수 있는 것이다.

이처럼 진정한 투자자는 자신의 투자 자산을 손질하기도 한다. 자신의 자산이 합당하게 할당되어 있는지, 주기적으로 매도와 매수를 하면서 목표 할당량에 맞게 자산을 재조정한다. 상장지수펀드 같은 새로운 상품이 나오면 때때로 투자 상품을 바꾸는 것이 이익일 수도 있다. 또한 투자자의 목표가 바뀌면 투자 상품을 바꾸어야 한다. 이렇게 지속적인 관리가 필요해서 정원 가꾸기 정도의 재미는 느낄 수 있겠지만 확실히 짜릿하진 않다.

그렇기 때문에 투자자들은 투자란 아찔한 투기가 아니라는 사실을 가슴 아프더라도 받아들여야 한다. 생명공학 주에 집중 투자해서는 안 된다. 지금 가장 잘 나가는 뮤추얼펀드에 투자했다고 친구에게 자랑해서도 안 된다. 상품에 돈을 몽땅 투자해서도 안 되며, 아마추어 투자자들을 위한 '굿모닝 아메리카(Good Morning America)'에서 1년에 800%의 수익을 얻을 수 있다고 떠들어대는 감언이설에 넘어가서도 안 된다. 대신 탄탄한 분산투자 전략에 따라 거북이처럼 천천히 움직이면서, 아찔한 투자를 즐기는 주변 사람들보다 더 많은 수익을 얻으면 된다.

아찔함은 투기를 좋아하는 사람들이 느끼는 감각이다. 투기와 아찔함을 원한다면, 주식시장에서 투기하지 말고 라스베

이거스에 가도록 하라.

성공 확률은 주식시장이나 도박장이나 비슷할 것이지만, 도박장에서는 적어도 즐길 수 있을 것이니 말이다.

현실

투기는 도박과 같이 아찔하고 긴장감이 감도는 것이다. 투기를 하면 신중한 투자보다 훨씬 더 짧은 기간에 많은 수익을 얻을 수 있는 경우도 있지만, 엄청난 손실을 보는 경우가 허다하다. 활발한 매매를 하는 거래원의 행위만 투기에 한정되는 것이 아니라, 소수의 주식이나 시장 분야에 전 재산을 투자하는 것도 투기이다. 이런 경우 투자자의 운명이 주식시장 전체가 아닌 투자한 소수 시장 분야나 주식에 달려있기 때문이다. 반면, 신중한 투자는 단기간으로 봤을 때 아무런 행동을 취하지 않기 때문에 다소 지루하다. 계획을 짜서 현재 시장 환경에 상관없이 투자를 이어가야 하기 때문에 아찔함과는 거리가 멀다.

해결책

투자는 아찔한 게임이 아니라는 사실을 인정하고 증권사로부터 들은 잘 나가는 주식의 정보에 대해 떠들어대는 주변 사람의 말을 무시하라. 그 사람들은 투자에 실패한 뒤에도 나타나서 얼마나 실패했는지 알려주는 것이 아니라, 아무도 없는 곳에 숨어 조용히 상처를 가다듬으며 '시장 탓'을 하고 있을 것이다. 반면 탄탄한 분산투자를 이어온 투자자는 시간이 지나면 지날수록 불어나는 수익에 감탄하며 즐거워할 것이다.

CHAPTER 9

어떤 위험이든
다 같다??

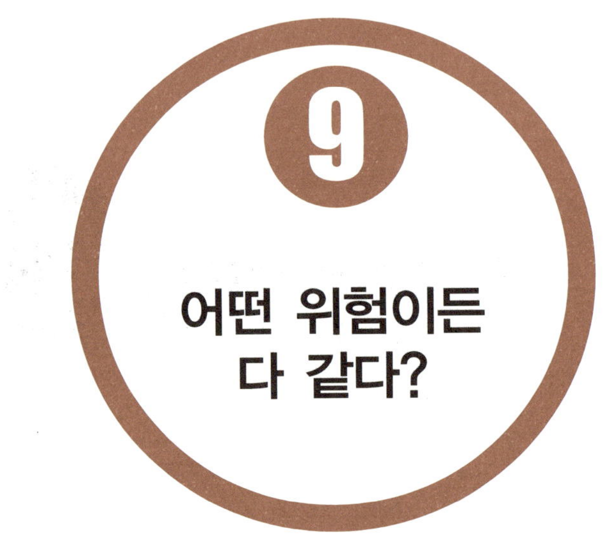

어떤 위험이든
다 같다?

'다른 주식(혹은 채권)을 추가 매입해서 없앨 수 있는 위험을 보상받지 못할 위험(Uncompensated Risk)이라고 한다. 너무 소수 품목에 투자해 발생할 수 있는 보상받지 못할 위험을 최소화하는 것이 분산투자의 목적이다.'

– 1994년 통일신중투자법(the Uniform Prudent Investors Act) 중

'주식은 위험한 것 같다.'
'난 위험을 감수할 수 있다.'
'주식시장에 투자해서 위험을 감수하고 싶지 않다.'

주식 투자에 대한 이야기를 할 때, 사람들은 위험이 어디든 도사리고 있다고 한다. 위험은 투자의 양날의 검이기 때문에 맞는 말일 수도 있다. 투자자들은 이 위험덕분에 채권이나 현물을 보유한 것보다 더 많은 수익을 얻지만, 불황 때는 이 위험 때문에 손실을 입기도 한다.

1927년에는 주식시장 연간 수익률이 11.4%였다. 반면 채권 수익률은 약 7%였으며, 재무부의 단기채권 수익률은 3.5%였다. 앞서 언급했듯, 단기채권보다 주식의 높은 수익률을 '위험대가'라 한다. 이 수익은 투자자가 회사 주식을 소유하면서 채권이나 현물 투자자들이나 채권자보다 훨씬 더 큰 위험을 지기 때문에 얻을 수 있는 것이다.

어떤 면에서는 이런 위험은 좋은 것이지만 반대로 위험페널티가 발생할 수 있어 나쁜 위험페널티도 있다. 위험은 가상의 요소페널티가 아니라, 더 많은 돈을 벌고 싶을 때 더 많이 더 안아야 하는 수익 창출 마법 요소이다. 위험은 항시 주변에 도사리고 있다.

위험이 가상인지 현실인지 깨닫는 것보다 주변에 있는 위험을 눈치 챘는지 여부가 더 중요하다. 어떤 종류의 위험은 더 쉽게 눈에 띄어, 많은 투자자들이 스스로 필요치 않은 위험에

깊이 빠지게 되는 경우가 있다.

의심쩍은가?

어떤 종류의 위험이라니? 위험은 다 똑같은 것 아닌가?
아니다!
다양한 종류의 위험이 있으며, 그 위험에 대해 확실히 깨닫고 그 위험을 감내할 필요가 있는지 여부를 잘 살펴봐야 한다.

투자자들은 위험에 대해 잘못 이해하는 경우가 많다. 위험이란 말을 들었을 때 어떤 생각이 드느냐고 물으면, 대다수의 투자자들은 1929년 시장 붕괴, 암흑의 월요일(1987년 10월), 2002년 7월 시기, 2007년 여름부터 시작되어 2008년 9월, 신용 위기로 절정에 치달은 경기 침체 등이란 대답을 한다.

흥미로운 것은, 이런 사건들은 주식 투자를 할 때 당연히 생각해야 하는 시장 위험의 한 종류라는 것이다. 이미 말했듯이, 이런 위험 덕분에 주식 투자자들이 돈을 버는 것이다. 금융 시장 펀드에 투자해서 주식 시장 수익률을 낼 수는 없다. 이런 높은 수익률을 내려면 주식 시장에 발을 들여야 한다.

시장 위험은 좋은 종류의 위험이다. 금융업계에서 위험을 감수하고 주식에 투자하면 채권이나 현물 투자보다 더 많은 수익으로 보상받기 때문에, 이런 위험을 '보상 위험(Compensated Risk)'이라 한다.

아까 말했듯 대부분의 투자자들은 위험이라고 했을 때 시장 위험을 떠올리는데, 그 이유는 간단하다. 주식 시장 전반이 하락세를 보이면 누구나 눈치 채기 마련이기 때문이다. 2008년 10월, S&P500지수가 거래 8일 만에 20% 이상 하락했을 당시 주식에 투자하고 있었던 사람이라면 시장 위험이 도처에 도사리고 있다는 사실을 몸소 알고 있을 것이다.

하지만 시장 위험은 장기간 투자하면 할수록 그 위험도가 줄어드는 위험의 한 종류이다. 보유 기간이 길어질수록(10년이면 적당하고 20년이면 더욱 좋다) 시장 위험은 신경 쓰지 않아도 되는 요소가 된다.

예를 들어 1929년부터 2006년까지, S&P500을 기준으로 했을 때 10년 주기 주식 시장 침체기는 2번 밖에 없었다. 게다가 20년의 주식 투자가 손실로 끝난 경우는 전무하다.

20년이란 장기간 동안 시장이 손실을 본 경우가 있긴 하지만(1938년, 1939년), 그 손실은 미미했다.

예를 들어, 첫 10년간의 침체는 1929년 대공황에서 발발한 시장 붕괴로 시작되어 1938년 12월 31일, 제2차 세계대전 발발 전에 끝났다. 투자자들이 꼽는 최악의 주식 시장은 이 10년간이지만 그 기간 동안의 연간 수익률은 -0.89%로 최악의 시기였던 것치고 그 하락폭이 전혀 절망적이지 않았다. 10년의 기간이 끝난 뒤인 1939년은 약간의 상승을 보여 연간 수익률이 -0.51%가 되었다. 그리고는 지금까지 그와 같은 나쁜 일이 없었다.

이런 정황으로 '매수 후 보유'란 지침이 나왔다. 장기간 탄탄하고 효율적인(이 부분이 중요하다) 분산투자를 하면, 어떤 시장 위험이 있어도 투자자산에 큰 위협이 되지 못 한다.

하지만 다른 종류의 위험이라면 말이 다르다.
만약 1990년 말 IT주에 투자했다면, 이미 감지하고 있었을 2가지 대형 위험 요소를 감내해야 했다.

첫째는 내재 가치가 없고 수익에 미친 투자자들이 단타로 수익만 얻고 나가려고 벼르고 있는 회사의 주식에 투자했다는 위험이다. 이런 경우 주식시장의 전반적인 상황과 관련 없이 개별 회사(주식)에 문제가 발생할 수 있는 '보호 위험(Security Risk)'을 어느 정도 염두에 두어야 한다. 실질적인 가치가 없었던 IT주 같은 경우, 결국 근본적인 문제로 인해 모두 나락으로 떨어졌다.

이 투자자들은 이뿐만 아니라 주식 시장에 특정 업종에만 집중 투자해서 발생하는(이 경우는 IT분야라 할 수 있다) '업종별 위험(Sector Risk)'에도 노출되어 있다.

2008년, 나스닥 지수는 2000년 최고치보다 여전히 50% 가량 낮다. 8년이 지나도 되찾지 못한 나스닥 지수 최고치를 다시 달성하려면 10여 년은 더 기다려야 할 것이다. 보호 위험과 업종별 위험은 매수 후 보유한 지침을 따라도 극복할 수 없기 때문에 투자자에게 상당히 위험하다. 투자자는 이런 위험을 모두 망각하고 매수 후 보유 지침을 IT주도 적용시키는 것이다.

많은 투자자들이 잘 생각지 않는 또 다른 주요 위험 요소가 있다.

바로, 매니저 리스크다!

이 위험 요소는 투자과정에서 스스로 투자 결정을 하는 도입 단계에 발생한다. 인덱스펀드에 투자하면 펀드가 기계처럼 알아서 인덱스 지수에 따라 움직이므로 펀드 선택과 관련해서 스스로 결정할 필요가 없기 때문에 매니저 리스크가 없다. 컴퓨터는 설득하는 능력이 없어서(앞으로는 어떻게 될지 모르겠다) 더 많은 양을 투자하라는 유혹을 하지도 않는다.

반면 관리 운용 펀드(수익률을 시장의 수준점을 맞추는 것이 일인 매니저가 운용한다)는 어느 정도의 매니저 리스크가 수반된다. 에너지 상품거래로 재미를 본 엔론이 갑작스럽게 2001년 가을 무너지기 시작했을 때, 미국에서 가장 투자금이 많은 뮤추얼펀드에서 엔론의 주식을 펀드 전체 자산의 5%인 1,600만 달러 이상을 보유했다는 사실이 밝혀졌다. 말하지 않아도 알겠지만, 펀드 투자자들은 이 소식을 듣고 몸서리를 쳤다. 펀드 매니저가 엔론이 파산하기 직전까지도 계속 엔론의 주식을 매수했다는 소식이 전해지자 투자자들은 절망감에 빠졌다. 2001년 말, 펀드 수익률은 4사분기 만에 24% 하락했다.

좋지 않은 상황에서도 엔론의 주식을 계속 샀다는 것이 납득이 가지 않아 매니저를 계속 추궁하자, 매니저는 다음과 같은 유명한 대답을 했다.

'주가가 계속 떨어져서 굉장히 괜찮은 가격이라고 생각했습니다.'

이것만 봐도 매니저 리스크를 잘 알 수 있다.
대부분의 투자자들은 인덱스펀드에 투자하지 않기 때문에

(미국 자산운용협회에 따르면 2006년 뮤추얼펀드 자산의 13%만 인덱스펀
드로 유입되었다고 한다) 많은 투자자들은 상당한 매니저 리스크
를 지고 있다. 10여 년간의 기간 동안, 대다수의 매니저들은
지수 기준점을 넘지 못하기 때문에, 투자자들은 매니저 리스
크 명목의 비용으로 많은 돈을 쓰고 있다.

주식에 투자하지 않으면 주식 시장 수익을 내지 못하기 때
문에, 시장 위험은 보상 위험의 형태를 띤다는 사실을 되짚어
보자. 반면, 보호 위험, 업종별 위험, 매니저 리스크는 시장 수
익을 얻기 위해 굳이 이런 위험을 감내할 이유가 없기 때문에,
'보상 받지 못할 위험 '이라 한다.

그런데 왜 굳이 이런
'보상 받지 못할 위험' 을 감수하는 걸까?

나도 알 수 없다!
대부분의 투자자들은 아무 것도 모른 채 '보상 받지 못할
위험' 을 함께 껴안고 가고 있고, 좋은(보상) 위험과 나쁜(보상 받
지 못할) 위험의 차이를 이해하지 못 하고 있다. 이런 투자자들
은 시장이 불황일 때, 불필요한 변동에 큰 영향을 받는 취약한
구조의 투자를 감행해서 결국 마음의 준비도 못한 채 엄청난
손실을 맛보게 된다. 그리고 주식 투자는 무서운 것이라고 생

각하며 시장에서 뛰쳐나간다.

탄탄한 분산투자를 하기 위해서는 보상 받지 못할 위험은 분산시키고 수익 목표치를 달성하는데 필요한 보상(시장) 위험에만 신경 써야 한다.

그 위험성은 어느 정도일까?

알 수 있는 마법의 공식은 없기 때문에 각 개인이 자산을 늘리고픈 욕구와 주식 시장이 잠잠해지는 밤에 잘 수 있는 능력의 균형을 맞추어야 한다. 퇴직한 뒤에도 충분히 생활 할수 있는 자산을 갖은 투자자는 위험을 감수하는 능력이 뛰어나지만 굳이 위험에 안고 갈 필요는 없다. 반면 필요 자산이 한참 모자란 투자자는 원하는 만큼의 수익률을 얻으려면 시장 위험에 대한 내구성을 길러 적당한 자산을 모아야 한다.

이 위험의 개념을 잘 알아두어야 한다. 앞서 강조했듯, 투자자는 불필요한 변동은 피해야 하지만 주식 투자로 야기되는 위험 요소를 모두 피할 수는 없다.

예를 들어 2002년, 1932년 이후 최초로 전 세계 주요 주식 자산 등급이 하락했다. 어떤 때는 피할 수 없는 위험이 닥칠 때도 있는 것이다.

그러므로 투자자들은 변동이 있어도 태연한 마음을 가질 수 있어야 한다. 이런 위험을 성가신 머나먼 괴짜 친척과 비교해 보자. 이 친척이 언제 찾아올지도, 얼마나 머무르다 갈지도 모른다. 이 친척이 찾아오면 발 뻗고 잘 수도 없다. 하지만 결국 다른 사촌들이 그랬듯 그와 함께 사는 법을 터득하고 도망치지 않으면, 친척이 상당한 선물을 남기고 떠난다. 그러나 성질 급한 몇몇 사촌들은 이 친척에게 도망쳐 봉변을 당한다.

자신이 신중하고 합당한 예측을 한다고 생각하는 투자자들도 시장 내의 변동성의 움직임을 잘 파악하지 못한 경우가 많다. '난 현실성 있는 투자 수익률을 기대합니다. 매년 8%의 수익만 내면 바랄 것도 없죠' 라고 말하는 고객이 있을 때마다 내가 돈을 번다면, 지금쯤 난 부자가 되었을 것이다.

고객에게 '난 현실성 있다' 는 말은 많이 들었지만, 이는 수익률의 변동성에 대한 고객의 근본적인 이해가 부족한 것이기 때문에(이론적으로 그렇다는 것이니 이런 생각을 했다면 화내지 마시길) 이런 말을 들을 때마다 답답하다.

투자자들은 주식에 투자하면 연간 12%의 수익을 볼 수 있다는 말 같지도 않은 이야기에 사로잡혀 있다. 그래서 주식과 채권을 겸비해서 투자하면 두 개의 평균 수익률을 합쳐 다시 나눈 수익률을 얻을 수 있을 거라 생각한다. 눈치 챘겠지만 현실은 그렇지 않다. 아마 투자 첫 번째 연간 수익률은 4% 정도

될 것이다. 그 다음 해는 3% 정도 손실을 보고, 다음 해는 20% 정도 수익을 내고, 7% 수익을 내고, 5% 손실을 볼 것이다.

주식 시장은 이런 식으로 간단하게 움직인다. 장기간 투자했을 때 시장 평균 수익률이 12%이다. 1927년부터 2006년까지 80여 년간 S&P500지수가 10%~14% 사이의 수익률은 낸 것은 겨우 5년이었다. 그 외 기간의 수익률은 그 5년의 수익률 범위에 훨씬 미치지 못했다. 장기간 지나면 과거와 마찬가지의 평균 수익률을 얻을 수 있을 것이라 생각할 수 있겠지만, 기다려온 오랜 보유 기간을 생각해 보면 그 수익률 또한 과거 일이라는 것을 깨닫게 될 것이다. 동일 기간에 장기간 같은 평균 수익률을 얻을 수 있는 확률은 그리 높지 않다.

그래서 '장기간 투자'를 계속 강조하는 것이다.
롤러코스터처럼 변동이 심한 주식 시장에서 어느 정도의 평균 수익을 얻으려면 오랫동안 시장에 머물러야 한다. 롤러코스터와 같은 주식 시장을 감당할 수 없다면, 원하는 수익과 감내할 수 있는 변동성 사이의 균형을 맞출 수 있을 때까지 좀 더 안전한 채권에 투자해야 한다.

재무 설계사는 베이비붐 세대와 퇴직을 앞둔 세대 투자자의 자산을 다룰 때 장기간 투자에 가장 중점을 둔다. 신중하게 투자하고 있다면 주식 시장에서 손실을 보는 것이 가장 큰 위험 요소가 아니다. 가장 큰 위험 요소는 투자 기간보다 자신의 생이 짧을지도 모른다는 사실이다. 이 위험 요소는 불과 20여 년 전부터 현실성을 띄기 시작했다.

40여 년 전, 65세의 나이로 퇴직한 투자자의 예를 들어 보자. 이 투자자는 연금과 연금 보험 수표를 받고 있다. 5년간 소고기를 즐겨 먹으며 폴몰(Pall Mall) 담배를 피우고 매일 밤 월터 크롱카이트(Walter Cronkite)의 뉴스를 보았다. 그리고 70세에 생을 마감했다. 대부분의 투자자들이 퇴직하고 나면 이와 비슷한 수순을 밟았다.

지금으로 돌아와 보자. 요즘은 옛날보다 좀 더 이른 50대 후반쯤에 많은 사람이 퇴직한다(스스로 나오는 경우는 드물다).
반면 65세의 평균 여명은 18년이다. 심지어는 90살 이상 사는 사람이 많아지면서, 많은 사람들이 퇴직 후 20, 30, 심지어 40년 이상 산다. 어떤 사람은 일한 연수보다 퇴직 후의 연수가 더 많은 것이다(뮤추얼펀드 광고를 곧이곧대로 믿고 투자했다면 스카이다이빙이 수상스키를 타는 듯한 짜릿함을 느낄 수 있을 것이다).

퇴직금으로는 모자라니 퇴직금을 주식에 투자하여 얻는 수익이 필요할 것이다. 그러니 변동성에 놀라 주식 시장에서 도망가는 일은 없도록 하라. 투자에 발생하는 위험 관리에 중점을 두고, 불필요한 위험은 피해야 한다.

다른 무엇보다 '당신과 주식 시장이 제공하고자 하는 수익의 사이를 막는 것은 나쁜 위험이다' 라는 사실을 명심하라.

현실

좋은 위험과 나쁜 위험을 구별할 수 있는 투자자는 거의 없다. 좋은 위험은 '시장 위험'으로 주식 투자를 하면서 발생하는 위험 요소다. 주식 투자자들은 채권이나 현물 투자자보다 훨씬 더 높은 수익을 얻고, 잘 이겨내면 보상 받을 수 있기 때문에 이를 좋은 위험이라 한다. 나쁜 위험은 감내할 필요 없는 '보호 위험', '업종별 위험'과 같은 위험을 말한다. 소수의 주식이나 업종에 자산을 집중 투자하거나 펀드 매니저가 주관적인 투자 결정을 다 하는 운용펀드에 투자한 투자자들은 이런 필요 없는 위험을 감수하여 높은 비용을 부담하게 된다.

해결책

다양한 자산 등급과 투자 방법으로 분산투자하면 보상 받지 못할 위험을 최소화할 수 있다. 퇴직금 펀드 수익 목표를 달성하기 위해 자산을 어느 정도로 키워야 하는지를 생각하고 그에 필요한 만큼(혹은 견뎌낼 수 있을 만큼)의 시장 위험만 감내하도록 하라. 전략을 펼치기 위한 수단으로 인덱스펀드와 다양한 시장을 기반으로 하는 상장지수펀드를 이용하여, 매니저 리스크를 제거하고 운용펀드에 투자한 것보다 더 많은 순이익을 남기도록 하라.

CHAPTER 10

주식 시장의 붕괴가 멀지 않았다??

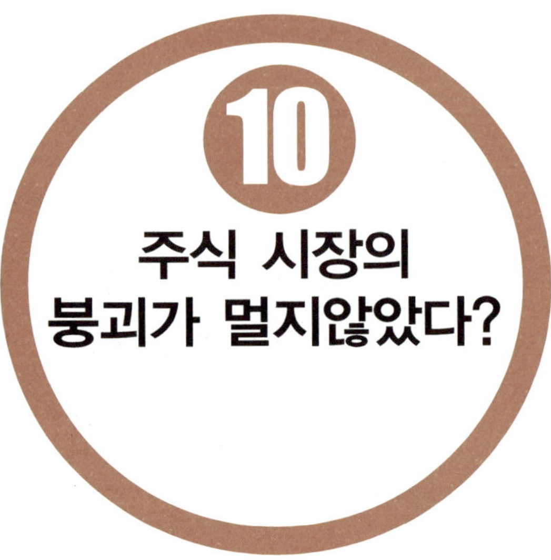

'그러면 세계 종말이 닥친 것이다(난 상관없다).'

- R.E.M의 1987년 앨범 'Document' 수록 곡명

지난 10여 년간, 나는 수많은 사람들 사이에 빠르게 퍼질 막연한 불안감이 엄습해 오는 것을 느꼈다. 이 불안감은 인류의 잘못된 행동으로 몰락의 길을 걷게 될 것이라는 믿음에서 비롯되었다. 테러, 정치, 인종 차별, 환경, 종교 등에 대한 운명론자들의 이야기 속에 불안감이 많이 스며들어 있었으며,

많은 사람들도 현재의 나쁜 상황이 더 악화될 것이며 더 이상의 희망이 없다고 믿고 있었다. 2008년에 직접 겪은 경제적 대변동으로 인해 이에 동의하는 사람들이 더욱 더 많아졌다.

물론 나도 모든 일이 물 흐르듯 잘 해결되거나, 골치 아픈 문제들이 빠르고 쉽게 풀린다고 생각하지 않는다. 하지만 종말이 곧 다가온다고 생각하지도 않는다. 물론 지금까지도 명확히 밝혀지지 않은 이 문제들에 대해 나도 아는 바가 거의 없다.

현재 미디어의 신속하고 엄청난 정보 전달력이 세상의 문제점을 실제보다 훨씬 더 심각하게 과장하고 비관론을 극대화시키는 역할을 하였다. 뿐만 아니라 사람들은 이런 비관론이 자신의 사고력이나 믿음, 심지어는 일상생활을 살아가면서 결정하는 순간까지 얼마나 많은 영향을 미치는지에 대해 과소평가 하고 있다. 성공적인 투자를 위해서는 미래에 대한 낙관과 수익이 있을 것이라는 믿음이 필요하기 때문에, 이런 불안감은 투자자들이 성공하기 어렵게 만드는 주요 요인이 된다.(내가 아무 이유 없이 운명론을 비판한다고 생각했는가?)

오늘날 세계의 몰락을 보여주는 사건은 쉽게 찾아볼 수 있다. 하지만 이런 사건들은 1963년에도 아주 쉽게 찾아볼 수 있었다. 1942, 1929, 1913, 1862, 심지어 중세 시대나 홍적세에도 그런 사건들이 있었다.

사실 자본 시장이 운영되는 이상, 투자자들은 미래가 암울해지고 주식 투자하는 자는 망할 것 같은 사건들을 쉽게 찾을 수 있다. 이런 비관론의 노예가 된 투자자들은 투자금을 모두 거두어들여, 미래에 대한 믿음이 조금만 있었더라면 누릴 수 있었던 엄청난 수익을 발로 차버린다.

나는 우리보다 앞선 시대를 산 선조들이 전혀 부럽지 않다. 그들은 우리보다 더 짧은 생을 살면서 현재 우리가 감내하고 있는 것보다 훨씬 더 힘든 역경을 겪었기 때문이다. 하지만 21세기에 살고 있는 우리는 할 수 없는 부러운 점이 딱 한 가지 있다.

바로, 행복한 무지에 빠져 살았었다는 것이다!

1900년대 이전에 살았던 사람들은 자신이 살고 있는 곳의 일 외에는 외부 사건이 자신에게 영향을 미치지 않는 이상 관심이 없었다. 정보 전달의 주요 수단은 전보나 입소문이었다. 뉴스는 이미 오래 전에 일어나 모두 끝나버린 닳고 닳은 소식만 전하였다. 북극 빙하가 녹고 있다든지 브리트니 스피어스(Britney Spears)가 진정한 행복을 찾았다는 등의 전반적인 주제는 신경 쓰는 사람이 없었고 접할 기회도 거의 없었다. 그렇

기 때문에 자신이나 가족, 친인척, 살고 있는 마을 등과 관련
된 일에만 집중할 수 있었다.

수백 년 전에 24시간 케이블 뉴스 방송이 나왔으면 어떻게
됐을지 상상이나 가는가? 과거에는 평화롭기보다는 전쟁이
많았고, 수백만 명의 사람들이 노예의 삶을 살았다. 뿐만 아니
라 당시는 대게가 40세에 힘든 생을 마감했다. 당시 '헤드라
인 뉴스'가 있었더라면 전쟁, 노예, 기아, 탄압, 질병, 죽음 등,
세상에 무서운 일만 가득해 밖에 나가기조차 두려웠을 것이
다. 그랬다면 얼마나 비참한 삶을 살았을까?

전 세계의 문제들이 TV, 인터넷, 신문, 라디오, 잡지 등의
형태로 끊임없이 신속하게 전달되고 있으니, 요즘 사람들도
미래에 대한 절망감을 가지고 있다. 심지어는 PDA로도 뉴스
를 볼 수 있다. 식당과 같이 시끌벅적한 곳에서 TV 소리를 들
을 수 없을까봐 친절하게 자막까지 넣어준다. 또한 인터넷 뉴
스 사이트에서 손가락만 까딱대면 가장 충격적인 소식부터 순
서대로 볼 수 있다.

미디어는 이렇게 자극적인 소식을 전해서 사람들의 이목
을 끌고 이윤을 내며 번창하고 있다.

좋았던 과거의 '속보'가 정말 속보였을까? 지금 CNN에서
는 안나 니콜 스미스(Anna Nicole Smith)의 유산소송 등과 같은

자극적인 내용의 '속보' 뉴스를 1시간에 수십 번도 더 내보내고 있다. '특보'는 어떤가? 내가 어렸을 때만 해도, 특보에서는 대통령이 죽음의 고비에 있다든가 그와 동일하게 심각한 일만 다루었다. 하지만 요즘은 '폭스 뉴스'에서 '특보'라는 종일 쇼가 있어 빨간 배너에 충격적인 소식들을 문자로 내보낸다. 사람들이 911테러 이후로 큰 사건이 발생했을 때 주의를 집중하기 때문에 미디어는 이런 형태를 애용한다. 사람들의 이목을 끌 수 있기 때문에, 무슨 일이든 큰 사건으로 만들고자 하는 것이다.

이런 현상을 막을 수 있으니 그렇게 하자는 것이 아니다. 기술이 발전해서 무한대의 정보가 넘치는 것이기 때문에 이런 상황을 되돌릴 수 없다. 인간의 괴로움에 신경 끄거나 이에 대해 자연스럽게 알게 되는 것이 나쁘다는 것도 아니다. 다르푸르(Darfur)의 학살과 걸프 만의 끔찍한 재난, 세계 각지의 테러 위협 등에 대해 알아야 한다. 인류에 해가 되고 불공평하며 세계 평화에 위협이 되는 사건을 경감시키기 위해서라도 이에 대해 잘 알고 있어야 한다.

하지만 인도네시아에서 한 남자가 코모도왕도마뱀에게 잡혀 먹었단 등의 소식은 굳이 알 필요 없다 지어낸 게 아니다. CNN 웹 사이트에 들어가서 충격적인 뉴스를 찾았더니 가장 첫 화면에 나온 것이 이 뉴스였다. 물론 그 불쌍한 남자 일은 참 딱한 것이지만, 지구 반 바퀴 돌아 미국 애틀랜타에 있는 나에게 이 뉴스가 중요할 이유가 없다. 이 코모도왕도마뱀이 우리 집 마당에 나타나지 않는 이상, 그게 나와 무슨 상관인가? 알 필요가 없을뿐더러, 코모도왕도마뱀을 볼 일이 없는 사람들에게도 필요 없는 뉴스다. 이는 현실에서 일어난 공포 영화 같은 일을 소개함으로서 사람들의 호기심을 자극해 관심을 끌고 웹 사이트에 계속 들어오게 하려는 것이다. 하지만 돌아 올 수 없는 저승으로의 강을 건너는 사람은 하루에도 수도 없이 많다. 이들의 죽음은 평범하고 자극적이지 않기 때문에 기사화되지 않는다. 사람들의 호기심을 자극할 수 있을 만큼 충격적인 죽음을 맞이해야 뉴스에 오를 수 있다.

이는 인간의 심리를 이해하는 것과 관련되어 있다. 중요한 것은 매일 넘쳐나는 정보를 얼마나 소화하고 즐거운 마음으로 이 세상을 살 수 있냐는 것이다.

이를 투자에 적용해 보면, 오늘날 투자자의 첫 번째 과제는 이 많은 재난을 얼마나 받아들이며, 투자 결정을 할 때 매일 일어나는 여러 사건들이 영향이 미치는 정도를 조절해야 한다. 지난 10여 년간 주식 시장의 거래량이 급증한 것은 우연이 아니다. 컴퓨터의 등장으로 엄청난 거래량을 소화할 수 있게 되어 급증한 부분도 있지만, 소화할 수 있는 시스템이 있다고 해서 거래량이 느는 것은 아니다. 투자자들의 심리 상태 변화로 거래량이 엄청나게 불어난 것이다.

마우스로 손만 까딱대면서 경제적, 정치적, 사회적으로 뭔가 문제가 발생할 낌새가 보이면 언제든지 매도할 수 있게 된 것이다. 큰 사건이 발생했을 때 투자자들의 머릿속에는 시장이 크게 하락할 것이니 투자금을 되도록 빨리 빼야겠다는 생각으로 가득할 것이다.

그러나 내가 봤을 때 이런 비관론은 인간 독창성의 강력하고 다양한 힘에 대한 이해가 근본적으로 부족하기 때문에 발생하는 것 같다. 문제는 자연스럽게 내버려두면 해결되지 않는다. 하지만 전 세계가 한 문제에 관심을 두면 이 문제는 거의 다 해결된다(Y2K를 기억하는가?). 깔끔하거나 빠르지도 않고 고통이 수반되는 경우가 많았지만 인류의 역사를 되돌아보면 문제 해결의 힘을 발견할 수 있을 것이다.

과거의 문제를 되짚어 보고 그 문제를 해결했다고 축하하는 것은 발전에 아무런 도움이 되지 않으니 건너뛰도록 하겠다. 과거에 집착하지 말고 앞으로 나가야 한다. 과거의 일을 잘 해결했다고 칭찬하고 자랑스럽게 여긴다고 해서, 앞으로 무슨 도움이 되겠는가?

투자에서 가장 중요한 것은 긍정적인 마음이기 때문에, 오늘날의 투자자들은 앞으로의 전망을 밝게 보는 것이 중요하다. 성공적인 투자자가 되려면 자신이 투자하는 종목에 믿음이 있어야 한다.

모든 문제는 인간이 존재해서 발생하는 것이라는 사실을 숙지하고 해결 방법이 전혀 보이지 않는 암울한 때에도 해결책을 생각할 수 있는 인간의 능력을 믿어야 한다. 나 같은 경우, 911테러 이후 도저히 진정할 수 없어서 케이블 TV를 끄고 인터넷 뉴스도 보지 않게 컴퓨터를 꺼버렸다. 전 세계의 암울한 사건들이 아무런 여과 없이 매일 내 머릿속으로 들어와서 도저히 평정심을 지킬 수 없었다. 그래서 나는 집에 돌아와서, TV 뉴스를 보지 않는다. 그리고 내 홈페이지도 금융 관련 뉴스는 보이지 않는 독특한 금융 사이트로 만들어 버렸다. 뿐만 아니라 '뉴스위크(Newsweek)'지도 끊었다.

아마 내가 눈 가리고 아웅 하듯 문제를 외면한다고 생각할지도 모르겠지만 그렇지 않다. 10년 전보다 훨씬 더 많은 뉴스가 여전히 내 귀로 들어온다. 내 메일을 확인할 때마다 포털사이트 첫 화면의 뉴스를 본다. '월스트리트저널' 지의 금융 면을 보려고 신문을 들면서 첫 페이지의 뉴스를 본다. 밤에 TV로 스포츠를 보려고 해도 내가 원하든 원치 않든 무조건 곧 이어질 뉴스에 대해 말해 준다. 그러니 나에게 중요하거나 흥미가 느껴지는 기사가 뜨면 보게 된다. 뉴스에서 벗어난 것이 아니라, 뉴스라는 늪에서 살짝 빠져나온 것이다.

이런 작은 차이가 현실을 보는 안목에 엄청난 변화를 가져오며, 변화와 동시에 투자자는 더 많은 돈을 벌 수 있게 된다.

주식 시장 붕괴가 멀지 않았다.

현실

투자자들은 나쁜 소식이나 미래에 대한 두려움을 유발하는 사건이 발생했을 때 몇 년 전보다 훨씬 더 민감한 반응을 보인다. 이에는 끊임없이 신속하게 쏟아져 나오는 자극적인 뉴스가 한몫을 했다. 컴퓨터 거래의 발전으로 투자자들은 신속한 뉴스에 두려움을 느껴 발 빠르게 거래할 수 있게 되었다. 뉴스가 얼마나 신속하든 어느 나라 일이든 상관없이 세계 정황에 대한 의견은 개인에 따라 다르다. 하지만 부정적인 생각이 들기 시작하면 이 부정적인 영향이 투자자의 미래(적어도 재정적인 미래) 또한 나락으로 이끌 것이다.

해결책

지난 수십 년의 과거를 되짚어 보고 어떤 사건이 벌어지더라도 투자에 믿음을 가져야 하며 부정적인 마음가짐이 투자에 얼마나 악영향을 주는지 깨달아야 한다. 지금 해결되지 않긴 했지만 어떤 문제든 해결하는 인간의 능력과 미래에 대한 믿음을 가져라. 솔직하게 그런 믿음을 가질 수 없다고 생각되면 주식 시장에 발을 들여놓지 말아야 한다.

CHAPTER 11

나는
시장 추종형이 아니다??

나는 시장 추종형이 아니다?

'최저가에 사서 최고가에 팔려고 하지 말라. 그런 투자 방법으로 성공했다면 거짓말이다.'

– 버나드 바루크(Bernard M. Baruch), 월가 유명 재정가

어서 오세요!

모임에 참석해주셔서 감사합니다. 저기 있는 접이식 의자를 가져와서 앉으세요.

여기서는 당신을 비판하는 사람이 아무도 없습니다. 우리는 동지입니다. 이곳은 가장 안전한 곳이니 죄의식이나 부끄러움은 떨쳐버리고 마음껏 이야기하세요.

자, 마켓 타이머로 활동한지 얼마나 되셨나요?

잠깐만요! 어딜 가세요? 이게 익명의 마켓 타이머들 모임인 줄 몰랐다고요? 당신은 마켓 타이머가 아니니 도움이 필요 없다고요?

현실을 부인하다니, 고치려면 좀 오래 걸리겠네요.

대부분의 투자자들은 자신이 단기 시장 상황에 따라 투자 전략을 바꾸고자 하는 충동을 절대 느껴본 적이 없다고 생각한다. 아마 1999년 IT주를 사지 않았으며, 911테러가 있은 뒤 바로 투자금을 빼고 시장이 안정화된 후에나 돈을 다시 넣지도 않았으면 인정할 수 있다.

당신이 그렇다면 다음 허가권을 사용해도 좋다.

11장을 건너뛰어도 되는 공식 허가권!

그렇지 않은 나머지 독자들은 대부분의 투자자들이 끔찍하게 중독되어 있는 시장 타이밍과 그에 따른 암울한 결과를 짚어 보자.

제일 먼저 극복해야 할 것은 자기 자신은 아니라는 '현실 부인'이다. 대부분의 사람들이 '마켓 타이머'라 하면 뿔테안경을 쓰고 하루 종일 주식시장의 리포트를 쓰고 실적표를 분석하며, '머리어깨형 최고점(Head and Shoulders Tops)'이라 부르는 시장 주기(지어낸 말이 아니다)를 찾는 바보 같은 사람을 떠올린다. 그 바보 같은 사람은 이 바보 같은 시장 타이밍 이론으로 뉴스레터를 만들어 이 뉴스레터를 받아보고 수익을 낼 수 있다고 한다(첫 단계는 이론을 만들어서 300달러를 내고 뉴스레터를 보는 구독자를 많이 모으는 것이다).

이런 광고문구가 우편함에 들어있는 것을 본 대부분의 투자자들은 문구를 읽고 코웃음을 칠 것이다.

왜냐하면 이미 시장 타이밍은 통하지 않는다는 사실을 수많은 주요 간행물의 기사를 통해 숙지하고 있기 때문이다. 또한 이런 마켓 타이머의 말은 달콤한 광고에 불과하다는 사실도 알고 있으며 자신은 속지 않는다고 생각한다. 무엇보다도 제대로 주식 교육을 받은 '매수 후 보유'에 충실한 투자자는 말이다!

안타깝게도 투자자들은 이런 속지 않을 것 같은 광고에 속아 넘어간다.

시장은 대부분 합리적으로 움직이기 때문에 대부분의 투

자자들 또한 대개는 합리적으로 투자한다. 주식은 투자자들이 예측한대로 상승한다. 하락하기도 하지만 이내 다시 상승한다. 자제할 것이 없기 때문에 돈을 벌고 있을 때는 자제하기 한층 더 쉽다. 누워서 떡 먹는 식으로 자제할 수 있는 것이다.

하지만 때때로 시장은 힘겹게 낸 수익을 한꺼번에 없애버리기도 한다. 이런 때는 전반적인 금융 시스템이 무너지고 자유시장이 더 이상 통하지 않는 것처럼 보인다. 불안감과 위기감, 혼란이 난무하는 시기에 이런 일이 일어난다. 1929, 1974, 1987, 1998, 2002, 그리고 얼마 되지 않은 2007~2008년이 바로 그런 시기였다. 이 시기는 장기 투자자에게도 별로 달갑지 않은 때였으며 많은 투자자들이 정신없이 보낸 시기이기도 하다.

이 '정신없는 순간'은 시장 혼란이 최절정에 달해 거래량이 평소보다 5배나 더 늘고 시장 회전률이 엄청나며 미디어가 산재한 위기 상황들을 다루느라 바쁜 때 나타난다. 이때 특히 두려움과 같은 감정이 월가를 장악하며, 일반 투자자들은 온라인 잔고를 보고 자신이 엄청난 손실을 보고 있다는 것을 깨닫는다. TV나 신문과 같은 미디어에서 흘러나오는 불길한 소식들을 매일같이 듣는 투자자들은 숙명과 같이 다음과 같은 생각을 하게 된다.

‘이 상황이 계속 이어지면 어쩌지? 여기서 더 떨어진다면? 내 돈을 다 잃으면?’

혼비백산!

일반 투자자들은 주식 시장에서 돈을 매도한 후, ‘잠시 동안만’ 다소 안전한 금융 시장 펀드로 발길을 돌리며 ‘주식 시장이 안정을 되찾을 때까지만’ 그러겠다고 다짐한다. 깊은 마음 한 구석에서는 자신이 감정에 휘둘려 결정했다는 질책의 목소리가 나타나기도 하지만 시장의 변동 때문에 두려워 잠을 못자는 일은 더 이상 없을 것이다.

그러나 이 투자자는 마켓 타이머들이 대면하는 두 가지 결정 단계의 첫 단계를 밟은 것이며, 두 번째 단계는 무엇인지 쉽게 알 수 있다. 이제 투자자는 더 큰 딜레마에 빠지게 되는 것이다. 그 딜레마는 한 번에 찾아오는 것이 아니라 수주, 수개월, 수년의 시간을 두고 개미가 기둥뿌리를 갉아 먹듯 천천히 다가온다.

언제 다시 들어가야 하는가?

시장에서 도망가야 한다는 유혹을 뿌리치지 못한 투자자들은 시장에서 빠져나가면 후에 다시 마법 같은 투자 시기가 다가올 것이라 생각했을 것이다.

애덤 스미스(Adam Smith)가 하늘에서 보이지 않는 손 (Invisible Hand)을 타고 내려와 '지금이다!' 하고 시장에 되돌아 갈 시기를 알려 줄 것이라고 말이다.

그러면 얼마나 좋을까? 위험에 대피해 몸을 사리고 있는 투자자들에게는 그런 명확한 시기가 절대 보이지 않는 것이 현실이다. 시장이 계속 하락세를 타고 있을 때, 도망친 투자자들은 바보 같은 다른 투자자들이 주식으로 계속 돈을 잃고 있을 때 안전하게 돈을 빼놓았다고 생각할 것이다. 하지만 항상 그렇듯, 시장은 아무도 모르게 급상승을 하기 때문에 절대 들어갈 기회를 잡지 못하며, 또 언제 다시 떨어질지도 모르는 것이다. 그러면 시장이 다시 하락세를 탈 때까지 기다렸다가 들어가겠다고 다짐하게 된다. 하지만 시장이 하락세를 타게 되면 언제까지 떨어질지 모르는 두려움에 못 들어가고, 계속 상승세를 타면 곧 떨어질 것이라는 생각 때문에 발을 들이지 못하게 된다. 마켓 타이머들은 그런 식으로 수개월 혹은 수년간 끝없는 루프 속에 갇혀 시장에서 나올 때 고민했던 것보다 훨씬 더 힘든 골머리를 앓게 되는 것이다.

이 글을 읽는 투자자들은 '나한테는 해당사항 없는 말이군. 난 시장에도 도망가지 않아. 내가 그럴 리 없잖아.' 라고 생각할 것이다. 정말 그랬다면 지금껏 많은 수익을 봤을 테니 축하해 주고 싶다. 하지만 과거에 투자를 하면서 단기 시장 상황에 휘둘려 투자 결정을 내린 경우가 정말 단 한 번도 없었는지 되짚어 보도록 하라. 시장 타이밍에 가장 극단적인 움직임이 시장에서 빠져나오는 것이지, 이에 영향을 받아 다양한 조치를 취할 수 있으며 전혀 휘둘리지 않은 투자자는 거의 없다. 투자금을 성장주에서 가치주로, 해외주에서 국내주로, 기술주에서 의료주로, 수익률이 나쁜 펀드에서 뜨고 있는 펀드로 손실을 덜 보는 방법을 찾아 여기저기 옮기는 것도 시장 타이밍에 맞춰 움직이는 것이다.

최근 월가에서는 말도 안 되게 한정된 시장 업종에 투자하는 수십 종의 상장지수펀드를 운용하여 개인 투자자들이 시장 타이밍에 관여할 수 있는 기회를 늘렸다. 이론적으로 상장지수펀드는 비용이 절감되고 세금 혜택도 받을 수 있는 다양한 시장 노출을 제공하기 때문에 다양한 시장 지수나 성장주나 가치주 등에 투자하는 투자 기관을 형성한다.

하지만 지금의 상장지수펀드는 에너지주, 금융주, 의료주, 혹은 떠오르는 암 관련 주와 같은 다소 미심쩍은 주(이런 주에 대해 나한테 자문을 구해도 난 아는 바 없다) 등과 같은 몇 개 업종에 집중 투자하고 있다. 금융업계는 자신들이 '독점 연구'를 기반으로 만든 '비중과다' 상장지수펀드와 '비중축소' 상장지수펀드에 투자하라고 부추긴다. 즉, 수많은 투자자들이 투자한 상장지수펀드는 카지노에 가서 주사위를 굴리며 숨죽여 그 결과를 지켜보는 것과 똑같은 투자가 되어버렸다.

인덱스펀드의 대부이자 뱅가드그룹의 창시자인 존 보글(John Bogle)은 2007년 2월 9일, 월스트리트저널의 한 기사를 통해 상장지수펀드의 남용에 조치를 취해야 한다고 역설했다.

새로 출시된 인덱스펀드들은 본래 인덱스펀드의 주요 개념과는 정반대의 성향을 띄고 있다. 최대한 다양하게 분산투자를 하는 것이 본래 개념이었지만, 지금은 소수 업종에 대담하게 투자하면서 분산 정도는 줄어드는 동시에 위험도는 높아지고 있다. 본래 개념이 최소한의 비용이라면, 대담하게 소수 업종에 투자하는 최신 인덱스펀드는 거래로 뒤따르는 중개 수수료와 성공적인 수익을 올려도 발생되는 세금 때문에 많은 비용을 요구할 수밖에 없다.

이런 펀드는 비용페널티뿐만 아니라 확실치는 않지만 상당히 편재해있는 감정페널티도 뒤따른다. 실적을 쫓기 위해 전문 펀드에 투자한 투자자들은 자기 자신이 큰 장애물이다. 상장지수펀드에서 가장 빠르게 성장하고 있는 업종은 당연히 최근 강세를 보이고 있는 소형주, 에너지주, 신흥시장주, 해외주, 부동산 관련주, 상품주(특히 금이나 석유) 지수와 같은 선두 업종들이다. 이 업종의 연간 평균 자산회전율은 2500%이다.

이런 투자행보를 보이고 있는 보이고 있는 투자자들 중에 자신이 마켓 타이머라고 생각하는 사람은 거의 없다. 이들은 시장 업종이 뭐든지 상관없이 잘 나가고 있는 업종을 따르고 있는 것뿐이라고 생각한다. 하지만 앞서 말한 것과 같이, 월가에서 떠드는 것과는 별개로 지금까지 실적이 좋았던 것과 앞으로 실적이 좋을 것이라는 기대와는 전혀 상관관계가 없다. 전혀, 눈곱만큼도 없다.

간단하고 명료한 성공적인 투자의 길을 오늘날처럼 다양하게 나누어 놓은 것은 이상한 일이다.

오늘날 시장에는 주식만큼이나 수많은 뮤추얼펀드 상품이 있다. 오늘날의 투자자들은 월가에서 운영하는 다양한 과자가 가득한 가게에 있는 아이와 같다. 이 아이들은 불량 과자를 너무 많이 먹어 배탈이 나 바닥에 뒹구는 일이 허다하다. 투자자들에게는 설탕은 적고 섬유질이 풍부한 과자가 필요하다. 또한 월가에서 대량 제작해서 뿌려대는 불량 과자를 끊고 하루에 2번 이상 계속 옮겨 다니며 거래하라고 부추기는 달콤한 유혹을 뿌리쳐야 한다. 뿐만 아니라 시장 타이밍의 위험을 똑바로 숙지하고 시장에 어떤 일이 발생하든 언제나 건전한 전략으로 다가가야 한다.

그렇다면 건전한 전략은 어떻게 만들어질까?(건전한 전략을 소개하게 되어 기쁘다)

투자 그 자체의 형태가 많은 것처럼 투자 전략도 매우 다양하며, 상품 영업자의 언변이 뛰어나서 여느 전략에 마음을 빼앗기는 경우도 많다. 하지만 노벨 경제학상을 받은 전략은 오로지 한 개뿐이라는 사실을 알고 있는가?

이는 현대 포트폴리오 이론(Modern Portfolio Theory, MPT)이라는 전략으로, 20세기 금융 시장을 이끌고 1990년 노벨 경제학상을 공동 수여한 해리 마코위츠(Harry Markowitz), 머턴 밀러(Merton Miller), 윌리엄 샤프(William Sharpe), 3명의 경제학 박사가 세운 것이다.

이 투자 이론이 노벨상까지 받을 수 있었던 이유가 뭘까? 이 이유는 간단하다. 현대 포트폴리오 이론은 신중한 투자 관리의 진정한 의미를 근본적으로 바꾸었기 때문이다. 현대 포트폴리오 이론에 따르면, 자산 등급과 투자 방식(성장주와 가치주, 대형주와 소형주, 해외주와 국내주 등)을 각자의 평가 외에도 이런 자산 등급이 서로에게 미치는 영향을 이해한 후에 분산투자에 적용해야 한다.

예를 들어, 미국 대형 성장주와 부동산 투자 신탁(REIT)주는 각각 변동성이 높지만 함께 분산투자하면 자산의 변동성을 줄이는 데 도움이 된다. 이는 두 개 주식의 행보 봤을 때 대형 성장주가 상승세에 접어들면 부동산 투자 신탁주는 하락세로 돌아서는 등, 서로 상관관계가 거의 없었기 때문이다.

1970년부터 1980년대까지 현대 포트폴리오 이론은 연금 제도, 기부금, 투자금 분산투자를 향상시키고자 하는 재단 등과 같은 대형 기관 투자자에 손을 벌리는 형태였다. 하지만 이내 전반적인 자산의 변동성을 줄여주는 역할을 하리라 생각했던 자산 등급의 변동이 심해지면서 경솔한 투자를 했다는 비난을 면치 못했다(신탁 의무를 위배했다는 비난도 받았다). 그리고 1990년, 현대 포트폴리오 이론은 기관 투자에서 벗어나 투자 자문가를 섭렵하기 시작했으나 고수익의 뮤추얼펀드의 수익률만 쫓아 별 다른 성과를 내지 못하는 과오를 겪으며, 과거 실적이 아닌 자산 등급의 상관관계를 바탕으로 한 분산투자 계획을 세워야 한다는 논리로 발전했다.

오늘날 현대 포트폴리오 이론은 대형 기관 투자자든 개인 투자자든 상관없이 신중한 투자 관리의 올바른 기준이 되었다. 또한 현대 포트폴리오 이론은 미국의 신탁준칙을 세운 통일신중투자법의 토대가 되었다. 오늘날 금융업계 사람 대부분은 '분산투자'의 미덕을 칭송하고 있지만, 분산투자 실행의 척도는 투자 전문가가 현대 포트폴리오 이론 원칙의 고수 여부에 달려있다.

현대 포트폴리오 이론이 주식 투자를 하면 당연히 따라오는 변동성의 위험을 무조건 피하게 해 주는 무적 방패나 만병통치약이란 말이 아니다. 물론 2002년이나 2008년과 같이 모든 자산 등급에 걸쳐 하락세가 이어졌고, 분산투자로 단기간 이득을 볼 수 없었던 때도 있었다. 현대 포트폴리오 이론은 분산투자에 대한 투자자의 섣부른 추측으로 발생하는 위험을 없애주는 역할을 하는 것이다. 대형주가 정답이라든지, 지금이 시장에서 들어가거나 나와야 하는 적기라는 등의 섣부른 추측으로 남겨지는 끔찍한 결과를 피할 수 있다는 이야기다. 다양한 자산 등급과 투자 방법을 겸비하면, 한 업종에 투자하여 단기간에 발생할 수 있는 위험을 줄일 수 있고, 자본 시장의 흐름을 따라 목표를 달성할 수 있을 것이다.

현대 포트폴리오 이론 원칙을 따르면 혼란의 시기에도 섣불리 판단하여 움직이지 않고 신중한 투자를 할 수 있기 때문에, 상당히 만족스러운 투자 경험을 하게 된다. 현대 포트폴리오 이론은 시장의 상황에 상관없이 지속적인 투자를 할 수 있게 도와주기 때문에, 적절한 시기와 적절한 움직임에 대한 걱정을 덜어준다.

　이 이론을 바탕으로 투자하면, 시장이 아무리 급 하강해도 이는 시장의 단기 상황이기 때문에 편안한 마음으로 지금의 투자 전략을 고수할 수 있게 된다.

　직접 편안함을 느껴보도록 하라!

현실

항상 변하는 시장 속에서 한 가지 신중한 전략을 고수하는 투자자는 거의 없다. 대부분의 투자자들은 시장 환경의 영향을 받아 투자 결정을 내리며, 이로 인해 얻을 수 있었던 수익을 발로 차버리는 경우가 허다하다.

해결책

현대 포트폴리오 이론 원칙에 따라 감당할 수 있을 만큼의 위험과 얻고자하는 수익률에 맞는 분산투자 계획을 세워라. 건실한 전략을 짜서 투자한 후, 단기적으로 어떤 위험이 발생해도 그 위험은 곧 지나갈 것이라는 사실을 깨닫고 자신의 전략을 고수해야 한다.

CHAPTER 12

투자자에게
'기회'를 주는 것이
투자 자문가의 임무다??

12

투자자에게 '기회'를 주는 것이 투자 자문가의 임무다?

'아뇨, TV에서나 그런 척 하죠!'

　– '스마트머니(SmartMoney)지, '고객의 입장을 생각하며 신탁 업무를 수행하는가?' 란 질문에 대한 한 주식 중개업자의 답변

　투자 자문가의 주요 임무가 투자자에게 투자 '기회'를 주는 것이라고 많은 투자자들이 생각하고(속고) 있고, 증권사에서 대대적으로 그렇게 홍보하고 있다. 자문가가 다른 투자자들은 모르는 투자 세계에서 정선된 상품들을 자신에게만 제공

해 주었기 때문에 그 기회를 잡아야 한다고 생각하는 경우가 많다(주의사항 : '최상의 기회'라는 말을 들었으면, 지갑을 비우고 집밖을 나서는 편이 시간 낭비, 돈 낭비를 줄일 수 있을 것이다).

증권사에서는 이렇게 특별 기회를 제공하는 것 같은 방식으로 투자자의 욕심을 자극해 쉽게 상품을 판매한다. 하지만 한 번 더 생각해 보자. 욕심을 갖고 결정한 투자로 수익을 낸 적이 있는가[당신이 도널드 트럼프(Donald Trump) 같은 부자라면 이 말을 무시해도 좋다]? 욕심으로 한 결정은 감정적인 결정과 같은 맥락이며, 앞서 여러 번 언급했듯 감정은 투자자에게 항상 해가 된다.

그렇다면 투자 자문가의 주요 임무는 무엇일까?

앞 장에서도 여러 번 강조했지만, 원하는 것보다 대답은 훨씬 더 시시하다. 하지만 이 책에서 내 임무는 결과가 어떻든 투자법칙의 진실을 파헤치는 것이니 대답하도록 하겠다.

자문가의 주요 임무는 투자자가 객관성과 자제력을 기르고 투자 과정을 평정심을 갖게 하여, 투자 시 감정이나 추측을 개입시키지 않게 하는 것이다.

시시하지 않은가?

틀에 박힌 문구라는 것은 나도 인정하는 바이다. 상품을 팔던 자문가가 다음 세대 마이크로소프트를 찾아줄 것 같던 꿈이 멀게만 느껴지는 문구다. 이는 마치 옆에 친구는 사탕을 입 안 한 가득 넣고 있는데 어머니가 강낭콩을 먹으라고 윽박지르고 있는 것과 같다.

생각해 보면 어머니는 좋은 의도로 야채를 먹으라고 한 것인데, 그 당시에는 몸에 나쁜 색소가 가득 든 사탕이 너무나 먹고 싶었을 것이다. 하지만 어머니 말을 따르는 것이 옳은 결정이었고 최선의 결정이었다. 덕분에 건강한 신체를 갖게 되었으니 말이다.

좋은 투자 자문가도 어머니와 똑같다. 부모와 같은 애정을 갖고 자신의 아이들(고객들)이 역경 없이 바른 길로 가게 돕는 것이다. 비교가 적절하지 않고 너무 단순하다고? 그럴지도 모르겠지만 사실은 사실이다. 여러 측면에서 봤을 때, 투자 자문가의 가장 중요한 임무는 고객의 자산과 고객의 감정 사이를 중재하는 것이다. 투자자의 감정이 투자에 관여되면 엄청난 손실을 입을 가능성이 커지기 때문이다. 안타깝게도 금융업계에서 생계를 이어가는 대다수의 사람들은 이 주요 개념을 놓치고 반대 방향으로만 향한다.

확실한 예시를 들어 보자. 1999년 후반, 자문가에 전화해서 'IT주를 매수하는 것이 어떻냐?'고 했을 때 반응이 어땠을까? 만약 '그렇게 하겠다'였으면, 자문가가 아니라 투자 도우미를 두고 있는 것이다. 주변 사람이 집을 담보로 같은 주식에 투자해 엄청난 돈을 벌고 몬테카를로로 휴가를 떠난다고 해도, 6주 만에 주가가 3배나 오른 주식을 산다는데 말리지도 않는다는 것은 자문가로서 실격이다(자문가가 직접 전화해서 IT주를 사라고 했다면 투자 도우미는커녕, 상품만 팔고 보자는 허풍쟁이다).

고객이 앞으로 반드시 오를 것이라고 믿고 있는 종목에 대해 반박하는 것은 자문가로서 쉬운 일은 아니다. 나도 그 당시 IT주가 얼마나 더 미친 듯이 오를지 몰랐기 때문에, 고객에게 IT주를 사는 것은 자폭하는 일이라고 설득하기 어려웠다. 마치 시장을 지배하던 법칙이 모두 멈추고 모두가 자유 화폐를 찍어내는 것 같던 시기였다.

이런 이유로 고객들에게 IT주 투자를 지양했지만, 앞으로 어떻게 될지 언제 시장이 원상태로 복귀될지 아는 척은 하지 않았다. 앞으로 10년 동안 그 상태가 이어졌다면? '수익률'에 대한 느리고 오래된 원칙이 통하지 않은 '새 시대'가 도래한 것이라면? 지금에서야 당시 시장에 거품이 가득했었다는 것을 알게 됐지만, 당시는 전혀 알 수 없었다. 2000년 말이 됐을 때 내 고객만 엄청난 수익을 놓치게 되는 것이 아닌지 걱정이

태산이었다.

　하지만 그런 조바심이 전부였다. 자문가로서 객관적인 시각을 갖고 감정을 절제하여 근본적인 마음가짐을 갖고 내가 아는 옳은 길만 고객에게 제시하였다. 시장 상황이 어떻든 상관 않고 고수익 종목을 쫓지 않는다는 마음가짐이다. 만약(만약의 일이다) 주변 사람이 이때 한탕 벌고 몬테카를로에서 인생을 여유롭게 즐기고 있다고 치더라도 말이다.

　실제 수익을 벌고, 손실은 최소화하며, 고객을 정직하고 올바른 길로 인도해야 하는 진정한 자문가의 가치를 깨달아야 한다. 자문가가 성장형 펀드 A를 추천하든 B를 추천하든 상관없이 기나긴 계획을 세우려면 진정한 자문가의 자질이 가장 중요하다.

　실례를 들어보자. 2000년 2월, 한 고객이 나를 찾아와서 자신의 자산 현황을 평가해달라고 요청했다. 그 고객은 약 500,000달러를 반은 성장주에 나머지 절반은 IT주 뮤추얼펀드에 투자해서, 1998년~1999년에 엄청난 수익을 얻었다. 이를 본 나는 이제 모두 매도해야 한다고 조언했다.

　고객은 마치 돈을 그만 쓸어 담으라는 말을 들은 것처럼 '이유가 뭐죠?' 라며 놀란 눈으로 물었다.

나는 '집중 투자는 엄청난 위험을 수반합니다. 순식간에 자산 절반을 날릴 수도 있죠.' 라고 대답했다.

우리가 또 다른 '대공황'의 문턱에 있다는 사실을 당시에 나는 알 도리가 없었다. 비록 고객이 위험을 감내해서 수익을 얻기는 했지만, 목표를 달성하는 것과 상관없는 불필요한 위험을 지고 있는 것이라 생각했기 때문에 그런 조언을 한 것이다. 하지만 당시 정황으로 봤을 때, 그 고객은 나를 겁쟁이라고 생각하고 험난한 투자의 길을 다시 걸을 것이라고 생각했다(물론 직접적으로 겁쟁이라고 말한 사람은 없지만 그들의 눈빛에서 읽을 수 있었다).

하지만 그 고객은 달랐다. 이 고객은 내 말이 사실이라는 것을 이해해 주는 똑똑하고 분별력 있는 투자자였던 것이다. 고객은 앞으로 있을 상승률이 얼마나 더 클지에 상관없이 변동이 심한 자산으로 빚어질 수 있는 손실을 감당할 수 없다는 것을 이내 깨달았다. 그래서 그 고객은 나를 고용했고, IT주 펀드를 환매 수수료까지 물고 매도해서 그 돈으로 그 고객이 지난 3년간 번 수익에 절반도 못 미치지만 안정적인 수익을 낼 수 있는 분산 투자를 했다. 믿음을 가지고 투자한 것이다.

그리고 얼마 지나지 않아 거품이 터졌다. 이 고객의 자산을 좀 더 신중하고 탄탄하게 분산 투자하고 며칠 지나지 않아 아직 모습이 다 나타나진 않았지만 IT주의 처참한 결말이 서서히 드러나기 시작했다.

2003년 말, 이 고객의 자산은 놀라울 정도는 아니지만 만족할만한 수익률을 냈다. 다른 무엇보다 엄청난 하강세를 타고 있는 시장 상황과 상관없는 정신적 승리라는 점이 기뻤다. 만약 IT주에 계속 투자하고 있었으면, 수익은커녕 투자금의 60%를 잃었을 것이다.

고객에게 내가 필요한 이유는 '기회 제공'이 아니라, 진정한 '자문가'로서의 역할을 해서 고객의 눈이 되어주고 앞으로 어떤 일이 벌어질지 확답할 수는 없지만 적어도 위험한 투자는 하지 않도록 도와주는 것이다. 훌륭한 자문가라면 인조인간처럼 원칙을 따르고 감정이 개입되지 않게 해서 고객이 적어도 절반 이상의 손실은 보지 않게 해야 한다.

이번 일은 내가 잘나서 이룬 성과가 아니라, 진정한 자문가라면 누구라도 똑같이 행동해서 IT주 거품이 꺼지는 순간을 피할 수 있는 일이었다. 많은 투자 전문가들이 자문가와 투자 도우미의 중요한 차이점을 이해하지 못하고 있다. 우리 회사는 고객에게 투자 자문 서비스를 제공하는 회계 법인과 합작으로 만든 프로그램을 보유하고 있다. 이 프로그램을 통해 회계 법인에서 고객 관계를 조정하고 우리가 돈을 관리한다. 회계사들에게 금융업계는 상당히 새로운 분야이므로, 그들에게 좋은 투자 자문가에 대한 교육을 하는데 큰 시간을 할애한다. 이들도 자문가와 투자 도우미의 차이를 구분하는데 애를 먹는다.

다른 서비스 전문가와 마찬가지로, 회계 법인에서도 고객에게 정보를 제공하고 고객이 그 정보로 결정을 할 수 있게 돕는 일을 한다. 고객에게 전화가 와서 회계사(CPA)의 도움이 필요하다고 하면, 전문가답게 좋은 서비스로 제시간에 맞추어 정보를 제공한다. 이 모든 것이 갖추어져야 서비스라 할 수 있다.

투자 자문가에 가장 큰 장애물은 고객이 단기 시장에 바보 같은 반응을 보이길 바라는 것이며, 이렇게 되면 결국 좋지 않은 결과를 맞이하게 된다. 이런 상황에서 별다른 논의 없이 고객이 원하는 대로 따르게 되면, 재정 안락사를 추진해 줄 케보키안 박사(Dr. Kevorkian)와 같은 자문가가 되어야 한다. 시장이 극단적인 움직임을 보일수록 감정이 폭발하기 때문에 투자자들은 안정을 찾아야 하며 계속 머물 수 있는 인내력이 필요하다. 그래야 투자자들이 계속 투자를 하게 될 것이고 그 덕분에 장기 수익을 낼 수 있다.

증권업계는 이런 마음가짐에 탐탁해하지 않는다.

이들은 시장이 엄청난 상승세를 타거나 고통스러운 하강세를 보일 때 투자자들이 감정적이게 되고 도움을 청하기 때문에 돈을 버는 것이다. 물론 '도움'만 제공하는 것은 아니다. 증권사는 시장이 극단적인 양상을 보이는 순간을 상품을 판매할 수 있는 시기라 생각한다. 이들은 시장이 극도로 좋든 극도로 나쁘든 모두 상품을 팔기 좋은 시기기 때문에 상관치 않는다. 1990년 후반처럼 강세장일 때, 증권사는 마치 투자자들에게 재정적인 유토피아로 갈 수 있는 비밀의 기회를 제공하는 마법사인 척 행세한다. 그로 인해 약세장일 때는 모든 것을 알고 있는 전지전능한 존재인 것처럼 투자자를 위하는 척 행세를 하고 시장이 안정될 때까지 빼놓아다 위험이 지나가면 다시 돌려놓는 시늉을 한다.

투자자들은 이들을 믿고 싶어 하고, 증권사는 투자자에게 즐겁게 속설을 판매한다. 하지만 주식 시장에 공짜는 없다. 고수익을 얻으려면 그만큼의 위험을 감수해야 하는 것이다.

이는 증권업계의 비밀이 아니다.

투자 전문가에게 묻고 싶은 질문이 있다.

당신은 얼마나 인생을 백안시하는가? 당신은 달성하지 못할 걸 알면서도 투자자에게 높은 실적을 들이대는 영업사원이 될 것인가? 아니면 투자자에게 왜 그런 유혹들이 통하지 않고 성공률이 낮은지 처음부터 끝까지 알려주는 진정한 자문가가 될 것인가?

증권업계의 길은 두 갈래로 나뉜다. 다소 많은 이들이 택하는 길은 고수익의 꿈을 판매하는 영업의 길이다. 영업 수에 따라 돈을 벌 수 있기 때문에 많은 이들이 이 길을 택한다. 또한 이들의 고객 회전률은 100%를 자랑한다. 고객들은 이들이 약속한 과장된 수익률을 얻지 못했기 때문에 떠나고, 영업사원들은 불만이 가득한 고객을 상대하길 원치 않기 때문에 이들을 보내고 또 다시 영업에 들어간다(나는 이런 전략을 '초토화 전략'이라 부른다).

소수의 사람이 택하는 길은 사실대로 말해주고 자문가가 할 수 있는 일과 할 수 없는 일을 잘 알고 있는 믿음이 가득한 고객층을 만드는 자문가의 길이다. 자문가라면 시장이 어려울 때에도 계속 보유하고 있으라고 말한다. 투자자가 주변 사람들을 따라 고수익의 주식을 사려고 할 때 열변을 토하며 말리는 이가 자문가다.

주식 시장에 마법의 해결책은 없다.

자문가는 자신의 서비스와 상담으로 이윤을 얻는다.

새로운 고객 유치 성공률은 쉬는 길을 걷는 실적 추종형 영업사원보다 떨어지긴 한다.

그러나 밤에 발 뻗고 편히 잘 수 있다는 건 확신한다.

투자자에게 '기회'를 주는 것이 투자 자문가의 임무다.

현실

투자 자문가의 중요한 임무는 원칙을 따르고 투자 과정을 분석하며 투자자의 자산과 감정을 중재하는 것이다. 최근 고수익을 내고 있는 종목(펀드, 매니저, 주식, 연금이든 뭐든 상관없다)을 계속 추천한다면 그 사람은 자문가가 아니라 자문가의 탈을 쓴 영업사원이다.

해결책

보수를 받으려 혈안인 증권사 직원과는 달리, 투자 종목의 수수료를 받지 않는 독립 공인투자 자문가를 찾아가라. 이것만으로 수행 능력은 보장할 수 없지만, 객관성은 보장할 수 있다.

'자신의 이름으로 만찬회를 열고 병원을 설립하는 부유한 사람을 많이 보았다. 하지만 그들을 진심으로 사랑하는 이가 없는 것이 현실이다. 내 나이 정도가 되면, 얼마나 많은 이의 사랑을 받았고 지금까지 받고 있는지가 성공을 가늠하는 척도가 된다. 살아온 인생이 얼마나 값진지 알 수 있기 때문이다.'
– 워런 버핏, 퍼레이드(Parade)지 2008년 9월 7일 호

이 책을 충분히 숙지한 당신은 투자에 많은 관심이 있으며 올바른 선택을 한 투자자이다(책대로 따르면 좋은 일이 있을 것이다). 이 책을 보고 올바른 투자 방법을 하는 법과 성공적인 투자의 근본 법칙을 확실히 이해했기를 바란다. 내가 말한 원칙을 따라서, 여러분과 가족이 부족하지 않게 살 수 있는 자산을 만드는데 도움이 되었으면 좋겠다.

하지만 이 책의 원칙은 투자의 시작일 뿐, 전부가 아니다. 원칙대로 저축을 했든, 유산을 물려 받았든, 스톡옵션을 받았든, 사업으로 벌었든, 복권에 당첨됐든 그 방법에 상관없이 부를 축적하는 것이 거의 모든 일반인의 일생일대 목표이다. 투자자들은 퇴직 후 얼마의 자금이 필요한지 계산하고 앞으로의 시나리오를 생각하며, 구체적인 계획을 짜고, 가설을 세워 수

없이 검토하고, 목표를 달성하기 위한 투자 전략을 시행해 보며, 재정적인 안정을 찾기 위해 과정을 꼼꼼히 검토하는데 모든 노력과 시간을 쏟는다.

재미있는 것은 목표를 달성해서 꿈이 이루어졌을 때, 그 부가 가져오는 새롭고 색다른 문제를 준비하는 사람은 거의 없다는 것이다. 우리 회사에서는 최소 2백만 달러의 투자금을 보유하고 있다. 즉, 매년 많은 사람들이 많은 돈을 우리 회사를 통해 투자하고 있다는 것이다. 그런데 시간이 지날수록 한 가지 흥미로운 사실을 깨달았다. 바로 자산이 많은 사람이라고 자산만큼 행복한 것은 아니라는 사실이다.

복에 겨운 소리한다고 생각할지도 모르겠지만 사실이다. 많은 자산을 관리하면 가족에게 소홀하기 쉽고 돈의 무궁무진한 힘을 간과해 여러 가지 문제가 발생한다. 아주 오랜 옛날부터 전해져 오면서 무시되지 않는 삶의 진리다. 돈은 물물교환의 수단만이 아니라, 삶의 원천이고 에너지의 근원이며 원동력이다. 올바르게 쓰이면 엄청난 발전의 수단으로 사용되지만, 잘못 쓰이면 한 사람의 인생을 파괴할 수도 있다. 많은 사람들이 돈을 모으는 데만 혈안이 되어 있고 그 돈을 다 모으면 무얼 할 것인지, 그 돈을 어떻게 쓰는 사람이 될 것인지는 전혀 생각하지 않는다. 여기서부터 불행이 시작되는 것이다.

자산 관리는 세금을 내거나 편지를 쓰거나 기름을 넣는 것처럼 정해진 순서가 있는 것이 아니다. 자산 관리는 영혼과 인간의 감정이 개입된 난제다. 7대 죄악을 떠올려 보자. 교만, 정욕, 탐욕, 분노, 시기, 나태, 탐식. 돈은 이 일곱 가지 죄악과 모두 관련 있다.

그러므로 성공적으로 자산을 관리하기 위해서는 사전 계획과 철저함이 필요하다. 감정과 유혹, 인간의 본능을 극복해서 인내심과 신중함을 토대로 자산을 관리해야 한다. 결의를 다지고 믿음을 쌓은 후, 위험에 대비해도 아직 갈 길이 멀다. 다른 사람들은 보통 꺼려하는 무아의 경지까지 도달할 수 있도록 내재가치를 길러야 한다. 수년간 재산이 쌓이면, 보통 무아의 경지에 오른 척하고 엄청난 자산이 생기면 어떻게 할까 핑크빛 몽상에 젖는 경우가 많은데, 모두 다 백일몽이다. 대다수가 '우선 1,000만 달러나 모으고 나서 어떻게 관리할지 계획해 보자'고 생각한다.

하지만 웃긴 것은, 누구든 1,000만 달러를 모으고 나면 이 재산으로 무엇을 하고 싶은지 생각조차 하려 들지 않는다는 것이다. 뭐든 하고 싶은 대로 할 수 있게 됐고, 즐길 수 있는 오락거리는 가득 있으니 말이다. 자식과 자손들에게 자산을 물려주면서 박탈감을 느끼게 하지 않고 꿈을 이룰 수 있는 방법 등, 까다로운 과제를 굳이 생각하려는 사람이 있을까? 혹은 평생 아무 일도 하지 않고, 앉아서 TV나 보며 즐길 수 있는데 굳이 자산 관리에 대한 고민을 할까?

이 난제를 푸는 경우는 많지 않다. 반대로 부의 유혹에 넘어가 안이한 삶을 즐기며 모든 것이 문제없다고 생각하는 경우가 많다. 증권계좌에 들어있는 엄청난 액수를 보며 안정을 느끼는 것이다. 사고 싶은 게 있으면 사고, 문제가 발생하면 고치면 된다. 그런데 뭐가 어렵다는 것일까?

평온함의 이면에는 문제가 들끓고 있다. 이 문제는 수년간 숨을 죽인 채 가만히 있다 갑자기 나타나 사전 계획이나 자산 관리 능력이 없는 당신을 덮친다. 유산 분배 때문에 풍비박산 난 집안 이야기는 많이 들어 봤을 것이다. 물질적으로 부족함 없이 살았고 문제가 생기면 항상 돈으로 해결하던 집안의 성인 자녀들이 목표를 잃고 결국 잘못된 길로 발을 들이는 경우가 많다. 별안간 자산을 관리하게 된 미망인들이 사기꾼 같은 자문가를 만나 수백만 달러를 빼앗기는 경우도 있다. 뿐만 아니라 소송에 대비한 충분한 안전 대비책을 마련하지 못해 평생 벌어온 돈을 다 잃은 사업가도 있다. 많은 이들이 돈을 모으기 전, 꿈을 가지고 있을 때가 좋았다고 말한다.

자산 관리는 자산 축적보다 훨씬 더 어려운 문제를 야기한다. 더 이상 한 가지(부 축적)에만 신경 써서는 안 된다. 좀 더 다양하고 새로운 여러 문제를 신경 써야 한다.

사전 계획을 잘 짜고 통찰력만 기르면 이런 문제들은 성공적으로 해결할 수 있다. 자신에게 내려진 사명을 다 하듯 자산(투자뿐만 나이라 재정적인 모든 부분)을 관리할 수 있겠는가? 단순히 관리하는 것이 아니라 열정과 패기를 가지고 임할 수 있는가? 자신의 자산을 성공적으로 관리하는 부자들은 항상 이런 마음가짐을 가지고 있었다. 이들은 원칙을 따라 부를 쌓았으며, 자신과 가족 주변 환경이 바뀌어감에 따라 그 부를 원칙에 맞추어 보존한다. 이들은 시간을 할애하여 계획을 세우고 금고에 꼭꼭 숨겨두는 것이 아니라, 일상적으로 계획을 세운다.

이렇게 성공적인 자산 관리를 하기 위해서는 유산 관리 변호사, 보험 전문가, 회계사, 투자 전문가 등, 여러 분야 전문가의 도움이 필요하다. 이 모든 분야의 전문가는 고객의 필요, 가치, 목표와 각자의 역할을 철저히 이해하고 고객을 위해 한 팀으로 움직여야 한다. 이 전문가 팀이 고객을 위해 세운 계획은 운 좋게 쌓아온 자산을 관리하고 수년 후 고객이 중요하게 생각하는 목표를 이룰 수 있게 돕는 청사진이 될 것이다. 무엇보다도 계획과 관리가 부족해 발생하는 가정의 비극을 막을수 있는 안전장치 역할을 할 것이다.

스스로 힘써서 자산을 관리할만한 열정과 패기가 없다면, 자신의 자산처럼 관리해 줄 올바른 관리자를 찾아야 한다. 금융계 자격증만 가지고 있다고 해서 모두 '올바른 매니저'가 아니기 때문에, 신중하게 매니저를 선택해야 한다. 진정으로 당신을 도와줄 수 있는지 꼼꼼히 잘 살펴보고, 다음 기준에 맞는지 따져보라.

1. 객관성 : 바른 매니저는 독립 회사에 속해서 이해상충이나 상품을 팔아 보수를 받는 일이 없다.

2. 건전한 투자 철학 : 아무리 올바른 관리 계획을 세워도 투자 철학이 바르지 않으면 도로아미타불이다. 투자 전략은 현대 포트폴리오 이론 원칙을 기반으로 세워야 하며, 이 원칙을 고수하여 투자해야 한다.

3. 전문성 : 올바른 증권사는 전문적인 투자 조언과 재정 계획을 제공한다. 회사가 투자업계에 발을 담은 기간과 시장 내 명성도 고려해야 한다.

4. 관계 관리 : 바른 관리는 복잡한 업무를 수행하는 것이다. 하지만 모든 분야에 정통한 자문가는 없다. 그렇기 때문에 바른 매니저는 변호사, 회계사, 보험 전문가 등과 한 팀을 이

루어 자산 관리, 자산 보호, 유산 문제, 기부 등 다양한 문제를
잘 해결할 수 있게 계획을 세운다.

　신경 써야 할 사항이 많기는 하지만, 부를 축적하는 것보
다 위의 기준을 잘 살펴보고 공을 들여 모은 부를 관리하는 것
이 훨씬 더 중요하다. 일반적으로 자산이 부족할 것 없는 사람
들은 이런 마음을 갖기 쉽다고 생각하지만, 정작 많은 부를 쌓
은 사람들은 다음의 마음가짐을 가지기 가장 어렵다고 한다.
　그 마음가짐은 바로 '평정심' 이다.

S&P500지수 (Standard & Poor's 500 index)

미국의 스탠더드 앤드 푸어사가 기업규모 · 유동성 · 산업대표성을 감안하여 선정한 보통주 500종목을 대상으로 작성해 발표하는 주가지수로 미국에서 가장 많이 활용되는 대표적인 지수이다.

워런 에드워드 버핏(Warren Edward Buffett)

미국의 기업인이자 투자가이다. 뛰어난 투자실력과 기부활동으로 인해 흔히 '오마하의 현인' 이라고 불린다. 포브스 지에 따르면 2008년 10월 기준 그의 재산은 약 580억 달러로, 세계 1위를 차지하고 있다.

빌 밀러(Bill Miller)

자산운용사인 레그 메이슨 밸류 트러스트의 최고경영자(CEO)다.

1991년부터 2006년까지 무려 15년 연속으로 S&P500지수를 능가하는 전무후무한 수익률을 기록했다

피터 린치(Peter Lynch)

피델리티 매니지먼트 앤 리서치 부회장

연평균 수익률 29.2%, 누적 수익률 2703%라는 경이적인 기록을 남겼다.

'월가의 살아있는 전설', '역사상 가장 뛰어난 펀드매니저' 로 역사에 남아 있다.

버크셔 해서웨이 (Berkshire Hathaway, 뉴욕: BRKA뉴욕: BRKB)

미국 네브라스카주 오마하에 본사를 두고 있는 지주회사이다. 주력사업은 보험업으로 대표적인 버크셔 해서웨이의 계열사는 가이코(GEICO)와 같은 보험회사들이 많으며 그 외에 보석, 가구업체 등 을 소유하고 있다. 이외에도 여러 기업들의 주식 지분을 보유하고 있다. 1839년 섬유제조회사로 출발하였다.

인덱스펀드 (index fund)

주가지표의 변동과 동일한 투자성과의 실현을 목표로 구성된 포트폴리오.

소극적 투자방식을 특징으로 하는 투자신탁(펀드)의 한 가지이며, 종합주가지수 등을 따르는 것을 목표로 한다. 우리나라의 인덱스 펀드 종목으로는 KOSPI, KOSPI200 등이 있다. 신탁보수가 낮은 것이 특징이다.

뮤추얼펀드 (mutual fund)

유가증권 투자를 목적으로 설립된 법인회사로 주식발행을 통해 투자자를 모집하고 모집된 투자자산을 전문적인 운용회사에 맡겨 그 운용 수익을 투자자에게 배당금의 형태로 되돌려 주는 투자회사.

헤지펀드 (Hedge Fund)

국제증권 및 외환시장에 투자해 단기이익을 올리는 민간 투자기금.

금융파생상품·주식·채권·외환 등의 국제시장에 공격적으로 투자해 높은 운용이익을 노리는 민간 투자기금.

주식공개 (株式公開)

동족(同族)회사 또는 소수의 주주로 구성되어 있는 회사의 주식을 개방하여 일반 대중에게 나누어 파는 행위.

프록터앤드갬블 (The Procter & Gamble Company)

미국의 대표적인 비누·세제, 기타 가정용품 제조업체

앤호이저부시컴퍼니스 (Anheuser-Busch Companies, Inc.)

미국의 맥주 및 음료 생산업체

SEC Securities and Exchange Commission

(미국의) 증권 거래 위원회

박스권

주가가 일정한 가격 폭 안에서만 움직일 때에 그 가격의 범위.

러셀 2000지수

미국의 대표적인 중소형주 지수로 2000개의 종목으로 구성되어 있다. 이 밖에도 중소형주의 주가 움직임과 관련해 러셀1000지수, 러셀3000지수도 발표되고 있다.

애덤 스미스 (Adam Smith)

영국의 정치경제학자 · 도덕철학자로 고전경제학의 창시자이다. 근대경제학, 마르크스 경제학의 출발점이 된 《국부론》을 저술하였다. 처음으로 경제학을 이론 · 역사 · 정책에 도입하여 체계적 과학으로 이룩하였다. 경제행위는 '보이지 않는 손'에 의해 종국적으로는 공공복지에 기여하게 된다고 생각하였으며 예정조화설을 주장하였다.

현대 포트폴리오 이론(現代 - 理論, modern portfolio theory, MPT)

해리 마코위츠에 의해 체계화된 이론으로, 자산의 분산투자하여 포트폴리오를 만들게 되면 분산투자전보다 위험을 감소시킬 수 있다는 이론이다.

포트폴리오이론의 가정에 따르면 투자자들은 투자안의 의사결정과정에서 고려하는 수익과 위험은 각각 평균과 분산으로 표현할 수 있으며, 포트폴리오를 구성할 경우 자산 간의 상관계수가 1인 경우가 아니라면 분산이 감소함을 통해 이득을 얻을 수 있다고 본다

주옥같은 조언을 해주는 스승이자 뛰어난 저술가, 스티브 챈들러(Steve Chandler)의 격려와 도움이 없었다면 이 책을 발간할 수 없었을 것이다. 그와 함께 한 순간들이 내게는 영광이었다. 나에게 끝없는 사랑과 믿음을 보여준 아내, 낸시(Nancy)와 함께 하게 해 주신 하느님께 감사의 말씀을 드린다. 투자에 대한 옳고 그른 방법을 구분할 수 있게 해주고 옳은 선택을 할 수 있게 도와주신 나의 아버지, 잭 칼훈(Jack Calhoun)과 작업을 독려해 주신 어머니, 마리안 크라프트(Marianne Craft)께 감사한다. 내 글쓰기 취미를 이해해 주고 모든 업무를 잘 이끌어 준 사업 파트너, 데니스 코빙턴(Dennis Covington)에게도 고마움의 말을 전하고 싶다. 회사를 이끌어 준 존 맥밀렌(John McMillen), 케이트 칼라일(Kate Carlile), 마코라 스팬(Macora Spann), 로라 테일러(Laura Taylor), 스캇 프리처드(Scott Pritchard), 스테파니 니덤(Stephanie Needham) 등에도 감사한다.

지난 30여 년간 나를 믿고 지지해준 프랭크 크라프트(Frank Craft)와 마샤 칼훈(Marcia Calhoun)에게 감사의 말을 전한다. 스튜어트 칼훈(Stewart Calhoun), 애기 럿카우스키(Agie Rutkowski), 브래드 럿카우스키(Brad Rutkowski), 트리샤 애딕스(Trisha Addicks), 디 앤 쇼그렌(Dee Anne Sjogren), 존 보웬

(John Bowen), 짐 볼레이(Jim Boulay) 등, 이 책의 초안을 검토하고 편집하느라 애쓴 모든 이에게 감사한다.

애딕스, 애스빌, 코빙턴, 던, 포겔, 그라인더, 노벰버 가족, 나를 반갑게 맞이해 주고 'Fun Facts From Uncle Jack'을 재미있게 읽었다고 말해준 볼드윈 가족에게 감사한다.

마지막으로 내 부족한 원고를 멋진 책으로 만들어 준 밥 리드(Bob Reed), 클레온 라이본(Cleone Lyvonne), 매이트 아인사르(Mait Ainsaar)에게 감사의 말을 전한다.

생각이 모자라 주식에 실패하는 것이 아니라, 생각이 너무 많아 실패하는 것이다.
– 벤 스타인(Ben Stein), 경제학자, 작가, 배우 겸 미식가

잭 칼혼(Jack J. Calhoun Jr.)
애틀랜타 주에서 관리수수료만 받는 투자자문회사 가운데 가장 크고 가장 오래된 기업의 운영 책임자로 재직하고 있다.
그는 신중한 투자 관리를 주제로 다수 기고하여, 월스트리트 저널(Wall Street Journal), 인베스터 비즈니스 데일리(Investor's Business Daily), 애틀란타 저널 컨스티튜션(Atlanta Journal-Constitution)을 비롯해 여러 매체에 글을 실었다.

이채린
한국외국어대학교 서반아학과를 졸업하고 현재 전문번역가로 활동 중이다.
TV 드라마 〈JAG〉, 〈치터스〉, 〈더뷰〉, 〈트위니스〉와 다큐멘터리 〈클래식 대기행〉, 〈아프가니스탄〉 등 다수의 영상물을 번역했다.

당신이 속고 있는 **투자법칙**

2009년 8월 25일 1판 1쇄 인쇄
2009년 9월 01일 1판 1쇄 발행

펴낸곳 | 동해출판
펴낸이 | 하중해
저   자 | 잭 칼혼(Jack J. Calhoun Jr)
번   역 | 이채린
마케팅 | 홍의식
디자인 | 하명호

등록 | 제 16-298호
주소 | 경기도 고양시 일산동구 장항1동 621-32(410-380)
전화 | (031)906-3426
팩스 | (031)906-3427
이메일 | dhbooks96@hanmail.net

ISBN 978-89-7080-190-2 (03320)

값 12,000원

＊잘못된 책은 구입하신 서점에서 바꾸어 드립니다.